로봇은 인간을, 인간은 미래를 꿈꾼다

Robots dream of humans, humans dream of the future

"변화의 시대, 나를 찾아가는 여정"

이 책은 우리가 함께 써 내려간, 미래에 대한 집단적 상상과 고민의 결실이다. 기술과 인간, 그리고 창의성이 어우러진 새로운 협업의 가능성이 이 안에 숨 쉬고 있다.

모든 것은 한 가지 질문에서 시작된다. "10년 후, 인간과 AI는 어떤 모습으로 협력하고 있을까?" 이 물음은 곧 열망이 되었고, 호기심은 새로운 상상으로 번져나간다.

GPT라는 도구는 그 상상을 구체화하는 창이 되었다. 한 명 한 명의 학생과 이야기를 나누며, 그들의 아이디어가 글로 피어나도록 돕는 동반자로서의 그 과정은 단순한 교수와 학생의 관계를 넘어, 협업의 현장이었다. 때로는 치열한 논쟁이 벌어졌고, 또 때로는 모두의 시선이 하나의 비전을 향해 모였다. 그 순간마다 우리는 조금씩 더 미래로 다가가고 있었다.

학생들의 글이 점차 하나의 이야기로 엮여 갈수록, 그들의 성장을 느낀다. 단순히 좋은 글을 쓰는 것을 넘어, 각자가 미래를 고민하고 자신만의 해석을 만들어가는 모습이 눈부시다.

AI가 주는 기계적 정교함과는 다른, 인간의 유연함과 깊이는 언제나 놀랍다. 기술의 발전에 대한 기대와 두려움, 그리고 인간다움에 대한 끝없는 탐구와 인간과 AI가 함께 만들어갈 세상에 대한 희망을 글로 풀어냈다.

AI는 그들의 글을 분석하고 보완했으며, 우리는 그 위에 창의성과 감성을 덧입혔다. 이 협업의 과정 속에서, 우리는 미래의 가능성을 실험하고 있었다. 단순히 AI와 인간의 공존을 상상한 것이 아니라, 그것을 실현하고 있었다.

이 협업의 과정에서 나는 놀라운 장면을 목격했다. 학생들은 GPT를 통해 글의 초안을 작성했지만, 그 초안을 다듬고 의미를 더해가는 과정은 전적으로 인간의 몫이었다. AI의 정교함에 인간의 창의성이 더해져야만 완성될 수 있는 문장들. 때로는 AI의 제안이 예상치 못한 영감을 주기도 했고, 또 때로는 AI의 한계를 뛰어넘으려는 학생들의 시도가 새로운 가능성을 열기도 했다. 우리는 단순히 AI를 도구로 활용한 것이 아니라, 그것과 함께 대화하며 새로운 형태의 협업을 실현하고 있었다.

무엇보다 흥미로운 것은, 그 과정에서 탄생한 아이디어들의 다양성이다. 누군가는 인간과 로봇이 공존하는 도시를, 또 누군가는 AI와 감정을 나누는 세상을 상상한다. 어떤 이야기는 기술이 만들어낸 유토피아를, 또 어떤 이야기는 우리가 마주할지도 모를 갈등과 도전을 담아낸다. 우리가 그린 미래는 하나의 정답이 아닌, 무수한 가능성의 집합이다.

책을 완성한 지금, 나는 이 여정이 단지 한 권의 책으로 끝나지 않을 것임을 확신한다. 이 책은 하나의 결과물이자 출발점이다. 서로 다른 36명의 목소리가 하나의 서사를 이루기까지, 우리는 모두 미래를 꿈꾸고 그것을 함께 만들어 가는 주체가 된다.

이 글을 읽는 독자에게 바란다. 이 책에 담긴 이야기가 또 다른 상상의 씨앗이 되기를. 우리의 미래는 기술이 예측하는 것이 아니라, 인간의 상상과 협력이 만들어가는 것이다.

미래를 함께 창조할 당신의 손끝에서, 새로운 서사가 쓰여지기를.

2025년 2월
송지성·정다희

프로젝트를 시작하며, 서로 다른 길을 걸어온 우리가 한자리에 모였다. 누군가는 로봇을 연구하고, 누군가는 디자인을, 또 다른 누군가는 광고를 기획하고 있었다. 전공도, 관심사도 달랐지만, 우리에게는 하나의 공통된 질문이 있었다.

"10년 후, 우리는 인공지능과 로봇이 함께하는 세상에서 어떻게 살아가게 될까?"

처음에는 단순한 호기심에서 출발했지만, 질문을 깊이 들여다볼수록 이것이 단순한 미래 예측이 아니라 우리가 맞이할 현실에 대한 탐구임을 깨달았다. 우리는 인공지능의 특이점에 대해 고민하며 다양한 가능성을 그려 보았다. 인간을 대체하는 인공지능과 로봇, 서로 협력하며 공존하는 사회, 혹은 아직 누구도 예측하지 못한 전혀 새로운 가능성까지. 우리는 이 모든 시나리오를 공유하고 싶었다. 그래서 함께 글을 쓰기로 했다. 서로의 생각을 나누고, 다른 전공의 시각을 통해 미처 보지 못한 부분을 발견하며 시야를 넓혀가고자 했다.

프로젝트를 진행하며 우리는 수많은 질문과 관점을 배웠다. 데이터 고갈이 인공지능 발전에 미치는 영향, 인간과 인공지능 협업에서 고려해야 할 윤리적 문제, 그리고 전문가와 인공지능이 결합해 만들어낼 지식의 확장까지. 이러한 통찰은 우리의 사고를 깊게 만드는 데 중요한 역할을 했다. 논의를 거듭할수록 우리는 인공지능이 더 이상 먼 미래의 도구가 아니라, 이미 우리 삶 깊숙이 자리 잡고 있다는 사실을 실감했다.

이 글을 읽고 있는 당신은 인공지능을 어떻게 바라보고 있으며, 지금 어떤 생각을 하고 있는가?

우리도 스스로에게 같은 질문을 던졌다.

몇 년 전, 나는 인공지능이 사물을 인식하는 기술을 처음 접했을 때 단순한 알고리즘이라고 여겼다. 그러나 시간이 지나면서 인공지능이 이미지를 생성하고, 음악을 작곡하며 예술적 면모를 드러내는 모습을 보며 생각이 달라졌다. 감정을 이해하고 조언을 건네는 인간적인 모습까지 보이자, 더 이상 단순한 연산

시스템이 아니라 인간과 함께 새로운 세상을 만들어가는 존재로 인식하게 되었다. 이제는 뇌-컴퓨터 인터페이스와 인공지능의 결합이 또 다른 변화를 가져올 것이라 생각한다.

이어지는 글에서 각각의 전공 학생들이 어떤 생각을 했는지 자세히 살펴볼 수 있다. 각자의 언어로 직접 경험하고 탐구한 이야기를 읽어보기를 바란다.

한 학기 동안 우리는 질문하고, 논의하며, 서로의 글을 읽고 피드백을 주고받았다. 디자인을 전공한 친구가 공학을 전공한 친구에게 로봇 디자인에 대한 조언을 건네고, 로봇에 깊은 관심이 있는 친구가 언어를 전공한 친구에게 다양한 로봇의 종류에 대해 설명해 주기도 했다. 익숙한 사고방식을 벗어나며 우리는 서로에게 새로운 시각을 열어 주었다. 그리고 마침내, 이 책이 탄생했다.

이 책은 단순한 미래 예측서도, ChatGPT로만 쓰인 글도 아니다. 우리가 함께 고민하고, 상상하고, 논의한 흔적이다. 글쓰기에 익숙하지 않은 학생들이 인공지능과 협업하며 자신의 지식과 관심을 담아 써 내려간 기록이자, 인공지능이 우리의 사고와 창작에 어떤 영향을 미치는지를 직접 경험한 결과물이다.

돌아보면, 우리가 상상한 미래는 단순히 차가운 기계가 지배하는 세상이 아니었다. 기술과 인간이 조화를 이루고, 여전히 감성이 살아 있는 공간이었다. 그리고 이 미래는 정해진 것이 아니다.

지금 우리가 어떤 선택을 하느냐에 따라 그 방향은 무한히 달라질 것이다.

그럼 이제, 우리와 함께 미래를 상상해 보자.

2025년 2월
학생대표 이채헌

목차

01. 인간적인가, 인간의 적인가

02. 무엇이 되더라도, 무엇을 하더라도

03. 인간이 되고 싶은 로봇

04. 내가 만난 AI, 10년의 여정

CHAPTER

01

인간적인가, 인간의 적인가

윤선재

정제민

이채헌

김도현

한동연

이민재

최민석

문수인

내 옆방엔 의사가 산다

10년 후, 영화 같은 미래 세상을 상상해 보자. 스마트 기술로 건강을 관리하고, 집에서 모든 진료가 가능해진다면 어떨까?

아침에 일어났는데 목이 아프고, 몸이 으슬으슬 춥다. 병원을 가야겠다는 생각이 들지만, 이불에서 나오는 일조차 너무 귀찮다. 추운 겨울이면 병원까지 나가는 길이 꽤 멀게 느껴지고, 대기실에서는 꼬박 한 시간을 기다려야 한다. 그런데 만약 이 모든 과정이 병원에 가지 않고 집안에서 끝난다면 어떨까?

이불속에서 스마트 로봇에게 말을 걸기만 해도 의사와 연결되어 진료를 받고, 필요한 약까지 로켓배송으로 바로 받을 수 있다면? 우리집이 곧 병원이 되는 미래가 성큼 다가오고 있다.

이제 우리는 집에서 일어나는 일상의 순간들이 곧 건강관리의 중요한 부분이 될 수 있다는 것을 깨닫게 된다. 아침 햇살이 창문으로 스며들 때, 당신은 여전히 잠옷 차림으로 소파에 앉아 있다. 갑자기 작은 로봇이 다가와 오늘의 건강 리포트를 건넨다. "오늘 아침 체온은 정상입니다. 하지만 심박수가 약간 빠르네요. 어제 늦게 주무신 것 같아요." 이 로봇은 당신의 체온, 혈압, 심박수, 산소포화도 등을 자동으로 측정하며, 매일매일 건강상태를 모니터링해준다. 이러한 일상적인 모니터링은 질병을 조기에 발견하고 예방하는 데 중요한 역할을 한다. 코로나 자가검사처럼, 미래에는 다양한 질병을 자가로 검사할 수 있는 장비가 집에 있을 것이다. 혈액이나 소변을 채취해 로봇에게 건네면, 로봇이 즉석에서 분석을 마치고 결과를 알려준다. "혈액 검사 결과, 비타민D가 부족하네요. 햇볕을 좀 쬐시거나, 보충제를 드시는 게 좋겠어요." 이렇게 병원의 복잡한 과정을 거치지 않고도, 집 안에서 모든 진료와 검사가 가능해진다. 병원에서의 긴 기다림과 복잡한 절차는 이제 추억 속 이야기가 될 것이다.

또한, 미래에는 약국조차 방문하지 않아도 집안에서 모든 과정을 해결할 수 있다. 감기약이 초콜릿 맛이라면 어떨까? 아이가 감기에 걸렸을 때, 예전 같으면 병원에 데리고 가서 처방전을 받고 약국에 가야 했을 것이다. 그러나 이제는 그럴 필요가 없다. 집 안의 맞춤형 약 제조 로봇이 아이의 건강 데이터를 분석하고, 의사의 처방을 토대로 딱 맞는 약을 만들어준다. 초콜릿 맛의 약이라면, 아이도 거부감 없이 복용할 수 있을 것이다. 이처럼 의료의 개인화는 아이부터 어른까지 모든 연령층에 큰 혜택을 준다. 영양제도 내가 필요한 성분만 골라 맞춤형으로 제작된다. 아침마다 로봇이 내 건강 상태를 분석해 필요한 영양제를 물과 함께 제공한다. 이 영양제는 매일 내 몸에 가장 필요한 성분들로 구성되어 있으며, 로봇은 섬세한 데이터 분석을 통해 그날의 컨디션을 최적화한다. 하루의 시작을 맞춤형 관리로 시작하면, 마치 개인 트레이너가 곁에 있어 나를 돌봐주는 느낌을 받게 된다. 더 이상 낮에 커피에 의존하지 않고, 아침에도 활기차게 일어날 수 있게 된다. 이 작은 변화가 나의 건강을 유지하고, 더 활기찬 일상을 만들어준다.

그러나 현대인들에게는 여전히 해결해야 할 문제가 남아 있다. 바로 오랜 시간 컴퓨터 앞에 앉아 일한 당신, 목과 어깨가 굳어 통증이 심해진 것이다. 예전 같으면 자녀들에게 용돈을 주고 "안마 좀 해줘!"라고 부탁하며 흥정할 상황이지만, 이제는 집 안에서 그 문제를 해결할 수 있다. 미래의 물리치료 로봇은 당신의 근육상태를 실시간으로 분석하고, 맞춤형 마사지를 제공한다. "오늘은 어깨 근육이 많이 뭉쳐있네요. 15분간 어깨 마사지를 시작합니다." 이 로봇은 전문 마사지사와 원격으로 연결되어, 실시간으로 맞춤형 지시를 받으며 정확한 마사지를 제공한다. 로봇의 부드러운 손길은 마치 전문 마사지사처럼 정확하게 뭉친 부위를 풀어준다. 또한, 재활 운동을 돕는 웨어러블 로봇과 VR기술이 결합하여 사용자가 올바른 자세로 운동을 하도록 돕는다. VR을 착용하고 몸에 부착된 센서들이 사용자의 자세를 실시간으로 감지하며, 화면 속 동작을 따라 할 때 자세가 올바르지 않으면 센서가 즉시 피드백을 준다. "왼쪽 어깨를 조금 더 내리세요"와 같은 지시를 통해 사용자는 정확한 자세를 잡고 운동할 수 있다. 이렇게 사용자는 집 안에서도 전문적인 물리치료와 재활운동을 받을 수 있으며, 병원에서 느꼈던 불편함 없이 편안한 집에서 최고의 치료를 받을 수 있는 시대가 열리고 있다.

이제 우리의 집은 단순히 병을 치료하는 공간을 넘어, 우리의 건강을 지속적으로 관리하고 예방하는 곳으로 발전하고 있다. 예방과 관리가 핵심인, 건강한 생활을 위한 통합시스템이 되어간다. 집안 곳곳에 설치된 센서들은 공기질, 온도, 습도 등을 실시간으로 감지하고 조정하여 최적의 건강 환경을 만든다.

아침에 눈을 뜨면 자동으로 알레르기 유발 물질이 제거되고, 저녁에는 스트레스를 완화하기 위한 조명이 켜진다. 마치 집이 우리를 돌보는 존재가 된 것처럼, 일상의 작은 행동 하나하나가 건강을 위해 최적화된다. 새로운 음식을 먹거나 화장품을 사용할 때도, 센서들은 신체의 반응을 분석해 알레르기 여부를 파악한다. "이 화장품은 피부에 자극을 줄 수 있습니다. 다른 제품을 사용해 보시는 게 좋겠어요." 이런 식으로 집은 사용자의 건강을 미리 지키는 파트너가 된다. 생활 패턴에 맞춘 맞춤형 건강 제안도 제공하며, 사용자가 더욱 건강한 삶을 살아갈 수 있도록 돕는다.

우리의 집이 병원이 되는 미래는 더 이상 먼 이야기가 아니다. 기술은 빠르게 발전하고 있으며, 이제 우리의 일상을 혁신할 준비가 끝났다. 이런 변화는 단순히 편리함을 넘어, 우리에게 건강에 대한 새로운 관점을 제시한다. 우리는 이제 병원을 찾는 대신, 스스로 건강을 관리하고 책임지는 능력을 갖출 수 있을 것이다. 물론, 이러한 기술의 발전은 새로운 윤리적, 법적 문제를 제기할 수 있다. 가정용 의료보조 로봇의 사용에 따른 프라이버시 보호와 데이터 보안 문제는 우리가 반드시 풀어야 할 숙제다. 이러한 문제를 슬기롭게 해결하기 위해서는 사회적인 논의와 창의적인 해결책이 필요하다. 우리는 이러한 기술 발전을 환영하면서도, 개인의 정보 보호와 데이터 안전을 지키는 지혜를 함께 길러나가야 한다.

결국, 미래의 의료보조 로봇과 헬스케어 기술은 단순한 치료를 넘어, 우리 삶의 질을 크게 향상할 것이다.

병원이 필요없는 미래, 우리의 집이 가장 안전하고 편안한 치료 공간이 되는 세상을 꿈꿔보자.

이러한 미래를 준비하기 위해 우리는 새로운 기술을 익히고 일상에 적용하며, 변화에 유연하게 대처해야 한다. 이 과정에서 중요한 것은 기술을 우리의 삶에 유익하게 활용하는 것 그리고 그로 인해 더 건강하고 활기찬 삶을 누리는 것이다.

미래는 우리를 기다리지 않는다.
지금부터 한 걸음씩 준비하며,
더 나은 삶을 향해 나아가자.

윤선재(로봇공학과 3학년)

마른 지구에 물을 주듯

야, 수소연료전지가 뭔지 들어봤어? 10년 전만 해도 뉴스에서나 들어볼 수 있는 첨단 기술이었는데, 지금은 2034년. 이제는 집도, 차도, 심지어 공장까지 수소연료전지로 돌아가고 있어. 처음에는 '정말 가능할까?' 싶었지만, 지금은 우리가 이 기술 덕분에 이렇게 친환경적인 삶을 살고 있다는 게 실감 나지?

수소연료전지는 수소와 산소가 만나 전기를 만들어내는 장치로, 사용후 배출되는 건 깨끗한 물뿐이어서 환경에 전혀 해를 끼치지 않는 에너지원이다. 특히 물이나 소변처럼 어디서나 쉽게 구할 수 있는 자원을 활용해 에너지를 만들어낼 수 있다는 점에서 큰 가능성을 가지고 있다. 이 기술이 현실이 될 수 있었던 중요한 열쇠는 바로 AI였다. AI는 수소연료 전지의 효율을 극대화하고, 더 안전하고 간편하게 사용할 수 있는 방법을 찾아냈다. 덕분에 이 기술은 단순한 실험 단계를 넘어 우리의 일상으로 들어오게 되었다.

수소연료 전지가 주목받게 된 이유는 명확하다. 화석연료의 사용은 더 이상 지속 가능하지 않다. 지금은 우리가 쓸 만큼 남아있지만, 고갈의 시기가 점점 다가오고 있다. 결국 언젠가는 이 자원에 의존할 수 없게 될 것이다. 게다가 화석연료를 태울 때 발생하는 온실가스와 대기오염 물질은 이미 지구의 환경을 위협하고 있다. 기후 변화와 환경 파괴는 더 이상 다른 나라나 먼 미래의 문제가 아니다. 바로 지금, 우리가 직면한 현실이다. 기후 변화와 대기오염 같은 문제들은 대부분 우리가 사용하는 에너지에서 비롯된다. 과학자들은 이를 해결하기 위해 완전 무공해 에너지를 찾고자 했고, 수소연료전지가 그 해답 중 하나로 떠올랐다. 수소는 지구에서 가장 풍부한 원소로, 물만 분해해도 얻을 수 있다. 심지어 우리가 버리는 소변에도 수소가 들어 있다. 이 수소를 에너지로 전환하면 오염물질은 나오지 않고, 부산물로는 물만 남는다.

하지만 2024년에는 수소연료 전지를 상용화하는 데 많은 어려움이 있었다. 수소를 효율적으로 추출하고, 이를 저비용으로 안전하게 활용하는 기술적 과제가 컸다. 여기에 AI가 도입되면서 변화가 시작됐다. AI는 수천 가지의 실험 데이터를 분석해 최적의 조건을 찾아냈고, 물과 소변에서 수소를 뽑아내는 전해질 장치의 디자인을 최적화했다. 이 기술 덕분에 전력 소모를 줄이고 장치의 내구성을 높이는 데 성공했다. 실시간 데이터를 분석해 문제를 스스로 수정하는 스마트 시스템도 개발되어 사용자가 쉽게 활용할 수 있는 환경을 마련했다.

수소연료 전지는 물(H_2O), 바닷물, 암모니아(NH_3) 같은 다양한 자원에서 수소를 추출해 에너지를 생산한다. 과거에는 전기분해의 효율이 낮고 비용이 높아 대규모로 활용하기 어려웠지만, AI가 이를 해결했다. 바닷물에서도 염분과 불순물을 제거해 안정적으로 수소를 얻는 기술이 개발되었고, 암모니아 같은 자원에서도 수소를 추출할 수 있게 되었다. 이렇게 확보된 수소는 무공해 에너지로, 언제 어디서나 사용할 수 있는 가능성을 열어주었다.

수소연료 전지가 차량에서도 새로운 가능성을 열어줬다. 기존 전기차는 충전에 시간이 오래 걸렸지만, 수소차는 몇 분 안에 충전이 가능하며 한 번 충전으로 전기차보다 긴 거리를 주행할 수 있다. 또한, 극한의 환경에서도 안정적으로 작동해 추운 날씨나 고온에서도 성능 저하없이 사용할 수 있다.

이 기술은 단순히 차량에만 머물지 않는다. 향후에는 휴대폰 같은 개인 기기에도 적용될 가능성이 높다. 기존 배터리 대신 수소연료전지를 탑재하면 물이나 소변 같은 자원을 활용해 휴대폰을 충전할 수 있을지도 모른다. 물만 있으면 전력을 생산할 수 있는 기술이 이미 충분히 발전했기 때문에, 어디서든 자유롭게 충전이 가능한 시대를 기대해 볼 수 있다.

그렇다고 수소연료 전지가 모든 문제를 해결할 수 있는 완벽한 해답은 아니다. 태양광, 풍력 같은 대체 에너지와 함께 활용해야 더 안정적으로 에너지를 공급할 수 있다. 지역과 환경에 따라 서로 다른 에너지원을 조화롭게 사용한다면 더 깨끗하고 지속 가능한 미래를 만들어갈 수 있다.

다가올 미래에는 수소연료 전지를 중심으로 자가발전주택 같은 기술이 보편화될 것이다. 이런 주택은 단순히 생활공간이 아니라, 스스로 에너지를 생산하고 저장하며 효율적으로 사용하는 첨단 공간이 될 것이다. 주택에서 물을 전기 분해해 수소를 얻고 이를 에너지로 변환하는 시스템은 전력 공급의 중심이 될 것이다. 일부 설계는 암모니아에서도 수소를 추출할 수 있어 물 외에도 다양한 자원을 활용할 수 있다. 이 과정에서 생성된 에너지는 저장 배터리에 보관되어 필요할 때 바로 사용할 수 있으며, 이웃과 교환하거나 판매도 가능하다. 차량과 주택은 에너지를 주고받으며, 이동성과 주택 에너지 자급자족을 동시에 강화할 것이다.

AI는 이 시스템의 관리자로서 중요한 역할을 한다. 에너지 수요를 예측하고 최적의 사용 계획을 제안하며, 연료와 물의 사용량을 자동으로 조절해준다. 집에서는 빗물을 모아 정화하고 연료로 활용하거나, 소변에서 암모니아를 추출해 에너지로 변환하는 등 자원을 효율적으로 순환시킨다.

에너지는 우리의 삶을 지탱하는 핵심 자원이다. 하지만 우리가 사용하는 화석연료는 유한하고, 점점 고갈되어 가고 있다. 동시에 에너지 생산 과정에서 발생하는 환경오염과 기후 변화는 이제 인류가 직면한 가장 큰 위협 중 하나다. 이러한 위기에 대응하기 위해 우리는 새로운 에너지원을 찾아야 한다.

수소연료 전지는 그 해답 중 하나로 떠오르고 있다. 물과 같은 흔한 자원에서 에너지를 얻을 수 있고, 사용 후 배출되는 것은 깨끗한 물뿐이라는 점에서 지속 가능성과 환경 보호라는 두 가지 목표를 모두 충족시킬 수 있는 기술이다. 특히, AI기술과의 결합으로 효율성을 높이고 다양한 상황에 적용 가능해지면서 실질적인 대안으로 자리 잡고 있다.

그러나 수소연료 전지가 모든 문제를 해결할 수 있는 유일한 해답은 아니다. 원자력, 태양광, 풍력, 지열 같은 다른 에너지원과 함께 조화를 이루며 활용될 때 그 잠재력이 극대화될 수 있다. 지역과 상황에 따라 각기 다른 에너지원을 최적화해 사용하는 것이야 말로 지속 가능한 에너지 시스템의 핵심이다.

이제 우리의 역할은 명확하다. 더이상 에너지 문제를 남의 문제로 외면하지 않고, 수소연료 전지를 포함한 다양한 에너지를 적극적으로 수용하고 발전시켜야 한다. 과거의 방식에 안주하지 않고, 새로운 선택을 통해 환경과 공존하는 미래를 만들어가는 것, 이는 우리 모두가 함께 풀어가야 할 과제이자 책임이다.

정제민(전자공학부 1학년)

뇌의 언어로 시작하는 아침

2034년의 어느 아침, 방 안에서는 얕은 수면 상태를 감지한 조명이 서서히 밝아지고, 창문은 투명도를 조절하여 은은한 아침 햇살을 들인다. 시야에는 오늘의 일정과 필요한 정보들이 깔끔하게 정리되어 나타난다. 날씨, 준비해야 할 자료, 그리고 업무가 순서대로 정리되며, 하루를 차분히 준비할 수 있도록 돕는다. 평소에는 분주하게 느껴질 수 있는 일상도 이 고요한 아침 속에서는 여유롭고 편안하게 느껴진다.

부엌에서는 로봇이 단순한 생각만으로 움직인다. '아침으로 딸기 요거트를 먹고 싶다'라고 떠올리면, 로봇은 냉장고에서 가장 신선한 딸기를 꺼내 정교한 기계 팔로 세심히 손질한 뒤 부드러운 요거트와 섞기 시작한다. 딸기의 양과 요거트의 농도는 사용자의 평소 선호를 학습해 자동으로 조절된다. 요거트를 준비하는 동안 작업 문서와 팀원들의 상태 보고서가 시야에 표시된다. 프로젝트 진행 상황은 그래프로 요약되고, 팀원들의 업무 집중도와 남은 일정은 색상과 도형으로 간단히 나타나 한눈에 파악할 수 있다. 잠시 후, 로봇이 "요거트에 곁들일 차는 무엇으로 준비할까요?"라고 묻는다. 머릿속으로 카모마일을 떠올리자, 로봇은 물을 적정 온도로 끓여 차를 우려낸다. 요거트와 차를 함께 준비한 로봇은 식탁에 이를 차려놓으며 부드러운 음성으로 인사를 건넨다. 손끝 하나 움직이지 않아도 작은 바람이 곧바로 실현되는 이 세상은 여전히 경이롭다. 시간이 흘러 이러한 풍요로움이 일상이 되었지만, 처음 느꼈던 설렘은 익숙해진 변화 속에서도 사라지지 않고 마음 한 구석에 남아 있다.

이 모든 변화는 루미라(Lumera)라는 기업의 서비스 덕분에 가능해졌다. 루미라는 단순히 첨단 기술을 제공하는 기업이 아니다. '빛나는 생각과 생각을 이어주는 기업'이라는 철학을 바탕으로, 효율과 편리함을 추구하며, 사람과 사람, 더 나아가 사람과 세상을 잇는 새로운 연결의 가치를 실현하고자 한다.

루미라의 핵심 서비스인 뇌-컴퓨터 인터페이스(BCI) 기반 플랫폼은 사람의 생각을 디지털 세계와 자연스럽게 연결한다. 이를 통해 로봇과의 소통은 물론, 시야에 나타나는 모든 정보가 하나의 통합된 시스템 아래 매끄럽게 작동한다. 단순히 데이터를 읽는 것뿐만 아니라, 사용자의 의도를 깊이 이해하고 이를 현실로 구현하는 데 중점을 둔다. 이러한 기술은 사용자의 삶과 함께하는 동반자로 자리 잡으며, 맞춤형 해결책을 통해 새로운 방식으로 일상을 설계할 수 있도록 돕는다.

이 모든 것은 귀 뒤에 부착 가능한 100원짜리 동전 크기의 작은 장치와 함께 실현된다. 두께가 5mm에 불과한 이 장치는 1년에 한 번만 충전해도 충분할 정도로 에너지 효율이 뛰어나며, 하루에도 수천억 원의 가치를 창출한다. 장치는 사용자의 생각을 기반으로 즉각적인 피드백을 제공하며, 개인의 행동 패턴과 감정을 기록해 심리적 안정감도 제공한다. 스트레스나 피로를 감지하면 이를 완화할 수 있는 추천 콘텐츠를 시야에 띄운다. 이제 과거 상상 속에서나 가능했던 일이 현실이 되어 일상으로 스며들고 있다. 루미라의 철학은 이러한 변화의 중심에서 빛나며, 미래를 향한 새로운 가능성을 끊임없이 열어 가고 있다.

루미라의 BCI 기반 플랫폼은 단순히 개인의 생각을 현실로 구현하는 도구를 넘어선다.

이 플랫폼은 경험과 직관을 실시간으로 연결하고 공유할 수 있는 새로운 시대를 열었다. 이를 통해 사람들은 타인의 창의적 시선과 통찰력을 자신의 것으로 받아들이며, 상상력과 작업 방식을 한층 더 확장할 기회를 얻는다.

다양한 산업에서 이 기술의 활용 사례가 빠르게 나타나고 있다. 예를 들어, 수십 년간 독창적인 작품을 선보여 온 영화 감독의 예술적 통찰과 시각적 직관이 데이터로 변환되어 신입 감독이나 창작자들은 이를 자신의 작업에 자연스럽게 녹여낼 수 있다. 루미라가 제공하는 BCI 인터페이스를 통해 창작자는 감독의 구도와 화면 구성에 담긴 고유한 시선을 실시간으로 접하며, 마치 전설적인 감독이 옆에서 촬영 방향을 제시하는 듯한 몰입감을 느낀다. 이 과정은 창작자에게 신선한 영감을 제공하며, 작업에 새로운 아이디어를 더할 수 있게 한다. 이제 예술적 가치는 누구나 경험하고 활용할 수 있는 소중한 자산으로 자리 잡게 되었다.

일상의 다양한 분야에서도 루미라의 기술은 변화를 만들어

내고 있다. 독특한 디저트를 개발하는 제빵사는 세계적인 파티시에의 노하우를 직접 연결받는다. 수년간 다져진 기술과 손끝의 정교함이 제빵사의 작업에 녹아들며, 단순히 레시피를 참고하는 데서 한 걸음 더 나아가 파티시에가 느꼈던 텍스처와 풍미, 장식 기법까지 구현한다. 이를 통해 전혀 다른 디저트를 만드는 과정이 이루어진다. 과거라면 오랜 시간 연구와 연습이 필요했겠지만, 이제는 단 몇 시간 만에 가능해진다.

의료 분야에서도 루미라의 플랫폼은 핵심적인 역할을 수행하고 있다. 첫 수술을 앞둔 신입 외과의사는 숙련된 외과의사의 직관과 경험을 그대로 전수받는다. 절개와 봉합의 섬세한 기술, 위기 상황에서의 민첩하고 정확한 판단력은 플랫폼을 통해 실시간으로 전달된다. 환자들은 신입 의사의 손길에서도 마치 베테랑 외과의사가 곁에서 조언하는 듯한 안정감을 느낀다.

패션 산업 역시 루미라의 기술로 또 다른 잠재력을 열었다. 사용자들은 세계적인 패션 디자이너의 미적 통찰과 창의적인 아이디어를 직접 체험하며, 이를 자신의 컬렉션에 적용한다. 디자이너가 보여 준 색채 조화와 패턴 활용법은 신선한 스타일로 재해석되어 색다른 디자인이 탄생한다.

음악 분야에서도 루미라의 기술은 가능성을 넓히고 있다. 유명 작곡가의 창작 과정과 음악적 감각을 직접 경험한 아마추어 작곡가는 멜로디 구성, 화성 진행, 곡의 분위기 연출을 익히며 자신의 음악적 잠재력을 극대화한다. 이를 토대로 참신한 음악을 창작하고 음반을 발표하며 큰 호응을 얻는다.

루미라의 BCI 기술은 사람과 기술을 이어 창작의 새로운 패러다임을 제시한다. 각 분야 전문가의 기발한 통찰력은 자유롭게 공유되고, 이를 통해 개인의 가능성은 끝없이 확장된다. 이러한 변화는 기술 발전의 경이로움을 보여 주는 동시에 그에 따른 책임의 중요성을 일깨운다. 기술이 우리의 일상에 깊이 스며들수록, 신뢰를 바탕으로 한 윤리적 책임이 더욱 필수적이라는 점이 분명해진다.

이를 위해 루미라는 플랫폼 설계 단계부터 사용자의 데이터를 철저히 보호하는 것을 최우선 과제로 삼았다. 루미라는 모든 데이터를 종단 간 암호화 기술로 보호하며, 사용자의 민감한 정보에 대한 접근을 원천적으로 차단한다. 사용자들의 권리와 프라이버시는 철저히 존중되며, 데이터 수집과 활용 전 과정에서 투명성과 공정성이 보장된다.

이러한 신뢰를 바탕으로 사용자는 자신의 생각과 대화가 완벽히 보호받고 있다는 확신을 얻게 된다.

루미라의 시스템은 가능성을 현실로 바꾸는 혁신의 중심에 서 있다. 화가의 섬세한 붓질은 또 다른 작품으로, 셰프의 미각은 새로운 요리로, 타인의 통찰과 지혜는 개인의 창조와 발전으로 이어지고 있다.

꿈꾸는 일은 더 이상 개인만의 몫이 아니며,
함께 이루어 가는 과정 속에서 더욱 깊은 가치를
만들어 낸다.

이 모든 변화가 루미라가 열어가는 세상의 모습이다. 지금도 루미라는 우리의 삶을 빚어 내고 있다.

이채헌(컴퓨터학부 3학년)

WA, 플라잉 AI다!

무인기란 무엇일까? 표준국어대사전에 따르면 무인기는 레이더 따위의 전자 공학적 장치에 의하여 자동 조종이 되거나 원격 조종이 되는 항공기를 의미한다. 이러한 무인기 기술은 최근 빠르게 발전하며 우리의 삶과 안보환경에 큰 변화를 가져왔다.

초기의 무인기는 군사적 목적으로 사용되며 정찰, 자폭 공격, 감시 등 다양한 임무를 수행했다. 그러나 최근에는 민간에서도 무인기를 활용하는 사례가 늘어났다. 농약을 뿌리거나 영상을 찍는 등, 일을 사람이 직접 하지 않고 무인기를 조종하여 대신하는 것이다. 하지만 무인기에는 밝은 면만 있는 것은 아니다.

일본에서는 무인기를 이용해 마약을 배달한 사건이 발생하기도 했으며 우리나라에서도 무인기를 통한 몰카 범죄가 여러 차례 발생했다. 이러한 사례는 무인기가 단순한 기술적 도구를 넘어 범죄 도구로도 활용될 수 있음을 보여준다. 앞으로 10년 안에 무인기는 더 작아지고, 더 똑똑해지며, 더 다양한 방식으로 활용될 가능성이 커졌다. 이에 따라 무인기 위협에 대응할 방어 기술 개발이 시급해졌다. 현재 무인기 기술은 크게 네 가지 방향으로 발전하고 있다. 첫째, 무인기는 점점 더 소형화되고 있다. 이는 무인기를 더 은밀하게 활용할 수 있도록 만들며, 탐지와 대응을 더욱 어렵게 한다.

둘째, 무인기의 제작 비용이 점점 낮아지고 있다. 무인기 기술은 과거에는 고가의 기술로 여겨졌지만, 현재는 낮은 비용으로도 충분히 강력한 무인기를 제작할 수 있다.

셋째, 무인기의 비행시간이 점점 늘어나고 있다. 날개에 태양전지를 장착하여 비행시간을 최대한으로 늘린 무인기의 경우 낮동안 배터리를 충전하며 최대 40일 이상 비행하는 데 성공했다. 이는 10년 전의 무인기 비행시간에 비해서 10배 이상 길어진 수치이다.

이것을 생각하면 10년 후에는 효율적인 태양전지와 배터리 기술, 혹은 더 안정적인 베타 원자력전지 같은 새로운 에너지원이 개발되어 수년간 비행하는 더 작고, 저렴하고, 지능적인 무인기가 등장할 가능성이 작지 않다. 이와 같은 기술 발전은 무인기의 활용 범위를 크게 넓힐 수 있다.

넷째, 무인기는 점점 더 똑똑해지고 있다. 인공지능(AI)을 탑재한 무인기는 사람이 원격으로 조종해야 하는 한계에서 벗어나 진정한 의미의 무인기가 되어 자율적으로 임무를 수행할 수 있으며, 여러 대의 무인기를 동시에 조종해 대규모 작전을 실행하는 것도 가능해졌다.

그렇다면 인공지능과 결합한 무인기는 과연 어디까지 발전할 수 있을까? 인공지능과 무인기의 결합은 무인기의 활용성을 크게 증가시킨다. 인공지능 기술은 무인기의 자율성을 더욱 강화하며, 기존에 사람이 수행했던 복잡한 임무를 대신하게 한다.

군사적으로, 무인기 편대는 인공지능을 통해 서로 통신하고 협력하면서 다수의 무인기가 한꺼번에 목표를 정찰하거나 공격할 수 있는 능력을 갖추게 된다. 이를 통해 사람의 개입없이도 목표물 주변을 감시하거나 전략적인 포위 작전을 수행할 수 있다.

또한, 인공지능을 탑재한 무인기는 적의 레이더망을 분석하고, 이를 회피하는 경로를 스스로 설계하여 은밀하게 작전을 실행할 수 있게 된다.

인공지능 기반의 무인기는 대규모 공중전에서도 중요한 역할을 하게 될 것이다.

예를 들어, 특정 지역에 다수의 무인기가 동시에 투입되어 적의 방어 체계를 무력화시키는 '스웜전술'이 가능해진다. 이러한 작전에서는 각 무인기가 독립적으로 판단하며, 인공지능을 활용해 목표를 효율적으로 분담할 수 있다. 일부 무인기는 전투를 수행하고, 일부는 전자전을 통해 적의 통신을 방해하며, 나머지는 정찰 임무를 수행하는 식으로 역할이 세분될 수 있다는 것이다. 이처럼 인공지능을 결합한 무인기는 기존의 전쟁 방식을 재구성하며, 전장에서 전략적 우위를 제공하는 핵심 기술로 자리 잡을 전망이다.

더 나아가, 무인기는 인공지능의 학습 능력을 활용해 전장에서 실시간으로 적의 패턴을 분석하고 대응책을 자동으로 개발하는 능력도 갖추게 될 것이다. 이는 적의 움직임을 예측하거나, 미리 방어선을 구축하는 데 도움을 줄 수 있다. 예를 들어, 적의 무인기와 교전 중에도 인공지능은 데이터 분석을 통해 최적의 반격 방법을 찾아낼 수 있으며, 인간이 개입하지 않아도 스스로 교전을 이어갈 수 있다. 민간 분야의 활용에서도 마찬가지다. 여러 대의 무인기가 각각 독립적으로 판단하면서도 서로 소통하며 목표를 분석하고 최적의 동선을 계산하여 효율적으로 업무를 분담하고 일의 효율을 높일 수 있다.

하지만 무인기의 빠른 발전이 마냥 좋은 것은 아니다. 현재의 방어 기술로는 빠르게 발전하는 무인기의 위협에 효과적으로 대응하기 어려운 상황이 되었다. 무인기가 점점 작아지고 빠르게 움직이면서 기존 레이더나 탐지 기술로는 이를 포착하기 힘들어졌다. 또한, 자율적으로 작동하는 무인기는 통신 방해 기술로 무력화하는 데에 한계가 있다. 더 큰 문제는 비용 대비 효율성이다. 값싼 무인기를 격추하기 위해서 고가의 미사일을 사용하는 것은 경제적 비효율을 유발할 수 있고, 장기적인 방어 전략으로 적합하지 않다. 그렇다면 어떻게 해야 무인기 위협을 막을 수 있을까? 이러한 문제는 무인기에 특화된 새로운 차원의 탐지, 방해, 무력화 기술 개발이 필요하다는 점을 분명하게 보여준다. 무인기 방어 기술을 강화하기 위해서는 몇 가지 핵심 기술이 요구된다.

첫째, 탐지 및 추적 기술의 발전이 매우 중요하다. 초고주파 레이더와 적외선 센서, 그리고 AI 기반 데이터 분석 기술을 통해 작고 빠른 무인기를 정확히 탐지하고 추적할 수 있어야 한다. 무인기의 위치와 움직임을 실시간으로 파악하는 것은 방어의 첫걸음이 된다.

둘째, 전자전 기술이 필요하다. 무인기의 통신을 방해하거나 차단하는 GPS 재밍 기술과 신호 해킹 기술은 무인기를 무력화하는 데 필수적이다.

셋째, 물리적 무력화 기술의 개발이 요구된다. 고출력 레이저나 지향성 전자기파 같은 무기를 더 효율적이고 효과적으로 개량한다면 빠르고 정확하게 무인기를 제거할 수 있는 효과적인 수단이 될 수 있다.

마지막으로, AI를 활용한 방어 시스템이 중요한 역할을 하게 될 것이다. AI와 기계학습을 활용한다면 무인기의 행동 패턴을 분석하고 예측해 자동으로 방어 체계를 작동시킬 수 있다. 이러한 기술은 인간의 반응 속도를 뛰어넘어 움직이는 미래 무인기의 위협 환경에서 빠르게 대응할 수 있도록 만들어줄 것이다.

10년 후, 전장의 하늘은 지금보다도 더 복잡한 모습을 하고 있을 것이다. 혹은 더 나아가서 하늘이 주요 전장이 되었을지도 모른다. 그렇다면 무인기는 전장에서만 그 모습을 보일 것인가? 그렇지 않다.

무인기는 전장을 넘어 우리의 해양, 재난 구조 등 상상하지 못했던 영역까지도 그 활용 범위를 확장할 것이다. 소형화, 자율화, 지능화를 거듭한 무인기는 단순한 기술적 도구를 넘어선 전략적 자산으로 자리 잡게 될 것이다. 그보다 더 먼 미래에는 무인기가 인류의 생활 전반에 깊숙이 스며들어 새로운 형태의 사회적, 기술적 변화를 끌어낼 가능성이 크다.

먼저, 무인기는 일상 속에서 물류, 교통, 농업, 의료, 재난 대응 등 다양한 민간 분야에서 필수적인 기술로 자리 잡을 것이다. 예를 들어, 미래의 도시는 무인기를 활용한 실시간 물류 네트워크를 통해 배송 시간을 획기적으로 줄이고, 교통 체증 문제를 해결할 수 있다. 농업에서는 무인기만을 활용하여 인간의 개입 없이 인공지능이 농작물 상태를 정밀하게 모니터링하고, 필요한 곳에만 비료를 살포하거나 해충을 제거하며 생산성을 극대화할 것이다. 의료 분야에서도 무인기는 응급약품이나 혈액을 신속히 전달하거나, 심각한 환자를 원격에서 모니터링하며 생명을 구하는 데 중요한 역할을 할 것이다. 그러나 이러한 기술적 진보는 새로운 위협과 도전을 동반하며, 인간은 이에 대응하기 위해 지속적인 연구와 기술 개발을 이어가야 할 것이다. 무인기 방어 기술은 탐지와 방어를 넘어 위협을 사전에 예측하고 억제하는 예방적 시스템으로 진화하며, 기술이 안보의 위험 요소를 넘어 평화와 번영을 지탱하는 기반이 될 때 무인기는 단순한 기계를 넘어선 의미를 갖게 될 것이다.

무인기의 확산은 기존의 법적, 윤리적 틀로 해결하기 어려운 새로운 문제를 제기할 것이다.

자율성이 증가한 무인기의 사고 발생 시 책임 주체를 명확히 규명해야 하는 문제와 더불어 사생활 침해, 범죄, 테러 등의 문제도 심각히 다뤄져야 한다. 이를 해결하기 위해 보다 명확한 법적 규제와 윤리적 기준이 마련되어야 하며, 자율성을 가진 무인기의 행동이 인간의 가치와 충돌하지 않도록 '인간 중심의 AI 윤리'를 바탕으로 무인기가 인류의 도구이자 동반자로서 긍정적인 역할을 할 수 있는 환경을 만들어 나가야 할 것이다.

김도현(기계공학과 2학년)

입는 순간 세상이 달라진다

　웨어러블 AI와 강화 외골격이 미래와 우리의 삶에 가져올 변화를 준비하는 사회에 관해 이야기하고자 한다. 웨어러블 기술은 흔히 볼 수 있는 애플워치, 갤럭시 링과 같은 신체에 착용할 수 있는 전자기기이다. 강화 외골격은 금속 프레임과 모터로 이루어진 로봇 슈트처럼 몸을 감싸며, 착용자가 초인적인 힘과 이동 능력을 발휘하도록 도와주는 기계적 외부 장치이다. 미래에는 이 두 가지 기술이 AI를 통해 통합된 기술이 개발될 것이다. 해당 기술을 통해 일상에서 신체적 한계를 극복하고, 산업 현장, 스포츠, 극한 환경 등 다양한 분야에서 자율성과 안전을 제공하는 시스템을 구축한다. 이 통합 시스템을 글에서는 '웨어러블 슈트'라고 칭한다. 웨어러블 슈트는 단순한 보조 장치를 넘어 인간의 가능성을 확장하고 삶의 질을 향상할 것이다.
　10년 후에는 웨어러블 슈트가 대중적으로 상용화되며, 일상

생활에 깊숙이 스며들어 다양한 영역에서 큰 변화를 가져올 것이다. 이 시스템은 신체 데이터를 실시간으로 모니터링하고 필요한 순간 자동으로 신체를 보조하여, 기존의 보조 장치를 넘어 사회의 여러 분야에서 필수적인 역할을 하게 될 것이다.

대표적인 역할로 일상생활에서 노인과 장애인에게 자립과 자유를 제공한다. 웨어러블 슈트를 착용함으로 노환 및 장애로 인한 이동의 불편함을 극복할 수 있다.

예를 들어, 휠체어를 이용하던 장애인이 웨어러블 슈트를 착용하여 근력 보조를 받아 직접 걸어서 공원을 산책하고, 일반인과 다름없는 생활을 할 수 있다. 이러한 변화는 노약자들이 도움 없이 안전하게 이동하고 일상생활을 유지할 수 있게 하여 돌봄에 대한 사회적 부담을 줄이고 자립할 수 있게 한다. 사람들이 신체적 제약을 넘어 더욱 자유롭게 생활할 수 있는 환경을 조성한다.

의료 및 재활 분야에서는 환자의 회복 과정에 혁신을 가져올 것으로 기대된다. 사용자가 이 기술을 착용하면 내장된 센서가 근력과 감당 가능한 부하를 분석하여, 적정한 부하만을 제공한다. 재활 과정에서는 회복 상태에 따라 부하를 점진적으로 증

감시켜 근력을 강화한다. 하체 근육이 약화된 환자는 초기에는 최소한의 부하만으로 걷기 연습을 시작하지만, 시간이 지나면서 점차 자신의 근육이 감당할 수 있는 수준까지 부하를 늘려가게 된다. 이 과정은 부상을 방지하면서도 환자의 회복 속도를 높이는 데 효과적이다. 또한, AI 기술이 통합된 시스템은 사용자의 신체 상태를 지속적으로 모니터링하여 피로 누적이나 재발 위험이 감지될 경우 경고를 제공한다. 재활뿐만 아니라 예방적 차원에서도 활용할 수 있어 환자의 삶의 질을 높이는 데 기여할 것이다.

산업 현장에서는 작업자의 안전과 효율성을 극대화하는 도구로 자리 잡을 것이다. 무거운 자재의 무게를 감지하는 센서와 보조 모터를 통해 자재의 무게에 상관없이 작업자가 느끼는 부하를 일정하게 유지한다. 동시에 사용자의 하루 적정 부하를 계산하여 피로가 누적되지 않도록 조정한다. 또한, 작업 시 발생할 수 있는 위험 사항, 작업 지시 등을 관리하여 작업자가 알 수 있도록 지원한다. 건설 현장에서 온종일 콘크리트 블록을 옮기던 작업자는 이 시스템을 통해 무리 없이 작업을 이어가며, 생산성을 유지하는 동시에 신체적 부담을 덜 수 있다. 이러한 기술은 장기적으로 근로자의 건강을 보호하고 산업 재해를 줄이는 데 기여한다.

재난 현장에서는 생명 구조와 안전 확보의 핵심적인 역할을 할 것이다. 슈트에 탑재된 시각 데이터 처리 시스템과 외부 데이터 분석 기술은 재난 환경의 위험 요소를 실시간으로 분석하여 사용자가 안전한 경로를 선택하도록 돕는다. 화재 현장에서 소방대원이 고온의 위험 지역에 접근하기 전에 경고를 제공하거나, 지진 구조 현장에서 무거운 잔해를 들어 올리는 작업을 지원하며 위험 요소를 사전에 탐지한다. 이러한 시스템은 사용자에게 실시간으로 최적의 행동 경로를 제시하며, 재난 상황에서도 신체적 부담을 줄이기 위해 강화 외골격이 적절한 힘을 배분한다. 슈트의 통신 기능은 구조대원들 간의 효율적인 협력을 가능하게 하며, 데이터를 통해 현장의 상황을 빠르게 공유하여 구조 작업의 정확성을 높인다. 이는 구조 작업의 효율성을 극대화할 뿐만 아니라 더 많은 생명을 구할 수 있는 기술적 기반을 제공한다.

교육 환경에서도 전문적인 기술 학습을 지원하는 도구로 자리 잡을 것이다. 특히, 웨어러블 글로브와 같은 슈트의 장갑 형태는 손동작이 중요한 분야에서 학습자의 움직임을 정교하게 보조한다. 의학 교육에서는 의대생이 정밀한 외과 수술 기술을 배우는 과정에서 웨어러블 글로브가 손의 움직임을 섬세하게 조율하고, 실시간 피드백을 제공하여 학습 효율을 높인다. 항

공기 조종사 훈련에서는 조종간의 움직임을 학습자가 안정적으로 익히도록 지원하며, 긴급 상황에서의 대처 능력을 향상시킨다. 이러한 기술은 복잡한 동작이나 기술을 배우는 데 있어 학습자의 부담을 줄이고, 빠르고 안전한 숙련을 가능하게 한다.

일반인에게는 한계를 극복하고 새로운 도전을 돕는 도구가 될 것이다. 예를 들어, 웨어러블 슈트를 착용한 일반인이 에베레스트 정상에 오르는 도전에 나설 수 있다. 웨어러블 AI는 최적의 등반 경로를 실시간으로 제시하며, 고산 지역에서 발생하는 체온 저하, 산소 부족 등으로 인한 신체 능력 하락을 감지하고, 이에 맞춰 강화 외골격이 체온 유지와 이동성을 보조한다. 또한, 일상적인 경험으로는 웨어러블 슈트를 착용한 사용자가 무거운 장바구니를 들고 집까지 쉽게 이동하는 상황이 있을 수 있다. 예를 들어, 대형마트에서 쇼핑을 마친 후, 양손 가득 짐을 든 일반인은 평소라면 힘에 부칠 수 있는 상황에서 웨어러블 슈트의 근력 보조를 통해 편안하게 계단을 오르거나 거리를 이동할 수 있다. 이는 신체적 부담을 덜어줄 뿐 아니라, 일상생활에서 겪는 작은 불편을 해소하며 삶의 편리함을 높인다. 이러한 기술은 험난한 도전뿐만 아니라 소소한 일상에서도 안정성과 효율성을 제공하여 더 많은 사람들이 기술의 혜택을 체감할 수 있도록 돕는다. 이는 단순히 개인의 삶을 개선하는 데 그치지 않고, 웨어러블 기술이 보편적으로 자리 잡을 수 있는 중요한 계기를 마련할 것이다.

스포츠 분야에는 혁신적인 변화를 가져올 것이다. 선수들은 강화 외골격의 도움을 받아 뛰어난 속도와 체력을 발휘하며 경쟁하는 새로운 스포츠가 등장할 전망이다. 이러한 경기는 F1처럼 첨단 기술을 활용해 인간과 기계의 융합된 능력을 겨루는 장으로 자리 잡게 될 것이다. 웨어러블 AI는 실시간으로 신체 데이터를 분석해 운동 효율을 극대화하고, 강화 외골격은 이에 맞춰 최적의 지원을 제공함으로써 참가자들은 기존의 한계를 뛰어넘는 경기를 펼칠 수 있다. 또한, 부상으로 은퇴했던 선수들에게 웨어러블 슈트는 새로운 희망이 될 것이다. 과거에는 치명적인 부상으로 선수 생활을 마감해야 했던 이들이 이 기술을 통해 다시 필드에 설 수 있게 될 것이다. 모든 참가자가 웨어러블 슈트를 착용하는 새로운 경기에서 그들은 잃어버렸던 꿈을 되찾을 수 있다. 이는 선수 개인의 경력을 연장할 뿐만 아니라, 팬들에게도 감동적인 재회를 선사한다. 이러한 변화를 통해 스포츠 산업 전반에 긍정적인 변화를 일으킬 것이다.

웨어러블 슈트는 단순한 기술의 진보를 넘어, 인간의 삶을 근본적으로 변화시키는 혁신의 중심이 될 것이다. 이 기술은 개인의 한계를 뛰어넘는 도전을 가능하게 하고, 사회 전반에 걸쳐 더 나은 미래를 열어갈 수 있는 핵심 도구로 자리 잡을 것이다. 웨어러블 슈트는 인간이 기술과 함께 성장할 수 있는 새로운 패러다임을 제시하며, 기술의 혜택이 모든 사람에게 공평하게 돌아가는 사회적 책임 또한 강조할 필요가 있다. 해당 기술이 가장 필요할 신체적 장애를 앓는 이, 노약자와 같은 이들이 해당 기술의 수혜를 받지 못하는 일이 없도록 제도적 장치가 필요할 것이다. 미래의 웨어러블 슈트는 효율성과 안전성을 넘어 창의성과 협력을 촉진하는 도구로 발전할 것이다.

이를 통해 우리는 개인의 성장과 사회적 진보를 동시에 실현할 수 있는 환경을 조성할 수 있다. 또한, 웨어러블 AI는 인간의 신체적, 정신적 능력을 정교하게 분석하고 강화함으로써, 각자의 잠재력을 최대한 발휘할 수 있도록 돕는 역할을 할 것이다.

우리는 웨어러블 슈트를 통해 한계를 극복하는 것을 넘어, 새로운 도전과 성취를 일상으로 만드는 세상을 맞이할 것이다.

한동연(전자공학부 4학년)

디지털 트윈 기술과 헬스케어의 미래

최근 들어 정정하던 사람들이 갑작스러운 건강 악화로 고생하거나, 심지어 세상을 떠나는 경우를 목격하면서 '이런 상황을 예측해 대처할 수는 없을까?'라는 고민을 하게 됐다. 물론 건강의 악화를 완전히 막거나 되돌리는 것은 어렵지만, 제가 공부하고 있는 산업공학의 관점에서, 기술을 접목해 이를 조기에 파악하고 대응할 방법을 모색할 수 있을 것으로 생각했다. 그 해법으로 떠오른 것이 바로 디지털 트윈(Digital Twin) 기술이다.

디지털 트윈은 가상세계를 구축하여 현실에서 발생하는 인적·물리적 제약을 해소하고, 시뮬레이션을 통해 시간적·비용적 단축을 불러올 수 있는 기술이다. 또한, 디지털 트윈은 물리적 세계와 가상 세계를 연결해 현실의 문제를 예측하고 해결할 수 있는 혁신적인 기술이다.

이를 통해 우리는 건강 관리의 새로운 패러다임을 열고, 더나아가 대한민국이 직면한 고령화 문제에도 효과적으로 대처할수 있는 가능성을 발견할 수 있다.

이 기술은 단순히 현실을 모방하는 데 그치지 않고, 가상의복제본을 통해 실제 상황의 변화를 예측하거나 문제를 조기에감지하는 데 초점이 맞춰져 있다. 헬스케어 산업에 이를 접목하면 개인의 건강 상태를 실시간으로 추적하고, 변화 양상을 분석해 미래를 예측하는 강력한 도구로 작동할 수 있다.

현대 헬스케어는 예방적 관리로 전환되고 있다. 병이 발생한후 치료하는 것이 아니라, 발생 이전에 위험 요인을 파악하고 관리하는 것이 점점 중요해지고 있다. 디지털 트윈은 이러한 예방적 헬스케어의 중심 기술로 자리 잡을 수 있다.

우선, 많은 사람들이 이미 스마트 워치, 피트니스 밴드와 같은 웨어러블 기기를 사용해 심박수, 수면 패턴, 걸음 수 등의 데이터를 수집하고 있다. 앞으로 기술이 더 발전하면, 웨어러블기기는 피부에 부착하는 초소형 패치 형태로 진화할 가능성이 크다. 이 기기는 심전도, 혈압, 혈당 수치, 스트레스 호르몬 등 더욱 세부적인 데이터를 실시간으로 수집하게 될 것이다.

이렇게 수집된 데이터는 디지털 트윈 모델의 기반이 된다. 디지털 트윈은 개인의 데이터를 바탕으로 가상 환경에 복제본을 생성하여, 사용자의 현재 건강 상태를 정확히 재현한다. 이 모델은 축적된 데이터를 분석해 사용자의 피로도, 스트레스 수준, 생활 습관 등을 파악하고, 필요할 경우 건강 관리 방안을 제안한다.

더 나아가, 디지털 트윈은 단순히 현재 상태를 분석하는 데 그치지 않고, 미래 건강 상태를 예측할 수 있다. 예를 들어, 사용자가 현재의 생활 습관을 유지했을 때와 건강 관리를 개선했을 때의 시뮬레이션 결과를 제시함으로써, 스스로 더 나은 결정을 내릴 수 있도록 돕는다.

2034년, 제이슨은 피부에 부착된 초소형 마이크로 센서를 통해 하루를 시작한다. 이 센서는 심박수, 혈압, 혈당, 수분 보유량, 스트레스 호르몬(코르티솔)과 같은 데이터를 실시간으로 수집한다. 이 데이터는 AI 기반 클라우드 시스템으로 전송되어, 제이슨의 디지털 트윈이 이를 분석한다.

제이슨의 디지털 트윈은 데이터를 바탕으로 아침마다 건강 보고서를 제공한다. 보고서에는 전날의 활동량, 수면의 질, 스트레스 지표가 포함되며, 앞으로의 생활에서 개선이 필요한 점을 알려준다. 예를 들어, 제이슨의 스트레스 수치가 높아질 경우, 디지털 트윈은 명상이나 산책과 같은 스트레스 관리 방안을 추천한다.

더 나아가, 디지털 트윈은 제이슨의 유전자 정보와 과거 건강 기록을 바탕으로 최적의 약물이나 치료법을 추천할 수 있다. 예를 들어, 가벼운 부상으로 약물을 복용해야 할 때, 디지털 트윈은 제이슨의 신체 대사를 고려하여 부작용을 최소화하면서 효과를 극대화하는 약물과 복용량을 제안한다.

심지어 제이슨의 디지털 트윈은 제이슨이 10년 후의 자신을 시뮬레이션해 볼 수 있도록 돕는다. "현재 습관을 유지한다면, 심혈관 건강이 양호할 확률은 85%입니다. 하지만 스트레스를 줄이고 수면 패턴을 개선하면, 그 확률은 92%까지 올라갑니다." 이와 같은 정보는 제이슨이 더 건강한 습관을 형성하도록 동기를 부여할 수 있다.

현재 대한민국은 급속한 고령화 문제에 직면해 있다고 생각한다. 2023년 기준, 65세 이상 고령 인구는 전체 인구의 약 19%를 차지하고 있으며, 이는 더 증가할 전망이다. 출산율 감소와 맞물려 고령 인구의 부양 부담이 커지며 의료시스템에도 상당한 부담이 가중되고 있다.

디지털 트윈은 이와 같은 문제를 해결하는 데 중요한 역할을 할 수 있다. 거동이 불편한 노인들도 웨어러블 기기를 통해 자신의 건강 데이터를 의료진과 공유할 수 있으며, 이를 기반으로 원격 진료나 맞춤형 건강 관리를 받을 수 있다.

또한, 디지털 트윈 기술은 예방적 건강 관리에 도움을 줄 뿐만 아니라, 국가적 차원에서 축적된 데이터를 통해 의학 연구와 신약 개발을 촉진할 수 있다. 고령층의 건강 상태 데이터를 분석하여 더 정밀한 연구를 수행하고, 이를 통해 신약 개발 속도를 높임으로써 고령화 문제에 효과적으로 대처할 수 있다.

산업공학은 데이터를 기반으로 시스템의 효율성을 분석하고 최적화하는 학문이다. 디지털 트윈은 이러한 산업공학의 원리를 의료와 건강 관리에 접목해 효율적이고 개인화된 해결책을 제공할 수 있다. 데이터를 수집하고 이를 체계적으로 분석하며, 최적의 결과를 도출하는 과정은 산업공학의 기본 철학과 정확히 맞닿아 있다고 생각한다.

앞으로 미래에 사회에서 산업 공학과 디지털 트윈 기술이 어떻게 융합되어 활용되는지 예측해 보자. 웨어러블 기기와 IoT 기술을 활용해 개인의 건강 데이터를 수집하고, 이를 분석해 최적의 건강 관리 방안을 제공하는 시스템을 설계될 것이다. 이러한 시스템은 개인 차원뿐 아니라 국가 차원에서 의료 인프라의 효율성을 높이는 데 기여할 수 있다.

다음으로 디지털 트윈은 고령화 문제 해결의 핵심 기술로 활용될 것이다. 특히, 원격 의료와 예방적 건강 관리 시스템은 고령 인구의 의료 접근성을 높이고, 의료비 절감에도 크게 기여할 것이다. 산업공학의 관점에서 이러한 시스템이 효과적으로 작동할 수 있도록 데이터 흐름, 알고리즘, 프로세스를 설계하고 최적화하게 될 것이다.

마지막으로 건강 관리를 넘어, 사회 전체의 의료 자원을 최적화하고 지속 가능성을 높이게 될 것이다. 예를 들어, 환자의 데이터를 기반으로 신약 개발 프로세스를 단축하거나, 병원 운영의 효율성을 개선하는 데 일조할 것이다. 이는 산업공학의 중요한 가치인 자원의 효율적 활용과도 연결되기 때문이다.

최종적으로 산업공학의 이론과 디지털 트윈 기술이 융합된다면, 단순히 질병을 치료하는 차원을 넘어, 개인화된 건강 관리와 예방 의료를 통해 사람들의 삶의 질을 향상하고 사회적 문제를 해결하는 데 이바지하게 될 것이다.

이민재(산업경영공학과 4학년)

메타버스와 AI가 디자인해가는 미래

    산업디자인은 제품의 외형과 기능을 설계해 사용자에게 더 나은 경험을 제공하는 것을 목표로 한다. 이는 단순히 형태를 결정하는 것이 아니라, 사용자가 제품을 사용할 때 느끼는 감정과 편리함까지 고려하는 과정이다. 산업 디자이너는 제품이 사용자에게 주는 의미와 경험을 중심으로 설계하며, AI가 쉽게 대체할 수 없는 감성적 연결과 창의적 아이디어를 통합하는 중요한 역할을 한다. AI는 반복 작업을 줄이고 소비자 데이터를 분석해 디자인 과정을 더욱 효율적으로 만든다. 데이터화된 설계는 물리적 제품 대신 디지털 데이터를 거래하는 새로운 방식을 제공하며, 이를 통해 소비자는 제품을 가상으로 경험하고 맞춤화할 수 있다. 대표적인 사례로 나이키는 AI를 통해 맞춤형 신발을 제작하고, 테슬라는 AI를 활용해 3D 모델링과 가상 테스트를 효율적으로 진행한다. 이러한 AI의 활용은 시간과 비용을 절감하면서도 디자인의 품질과 효율성을 높이고 있다.

　10년 후, 소비자는 더 이상 매장에서 실물 제품을 구매하지 않는다. 대신 제품 데이터를 구매하고 이를 메타버스에서 확인하고 맞춤화할 수 있는 환경이 구축된다. 이 과정에서 가벼운 착용형 융합형 디바이스는 중요한 역할을 한다. 디바이스는 손, 팔, 발, 얼굴 등 필요한 부위에만 감각을 전달하는 모듈형 형태로 발전한다. 진동과 미세한 전기 자극을 통해 사용자의 신경에 섬세하게 반응을 전달한다. 이를 통해 제품의 압력, 표면 질감, 탄력, 그리고 온도와 같은 감각을 현실감 있게 재현해낸다.

　디바이스는 특정 부위에 맞춤형 자극을 제공해 손으로 만질 때 느껴지는 미세한 질감부터 발로 밟을 때의 반발력까지 정교하게 표현한다. 이는 사용자가 실제 제품과 같은 경험을 가상으로 체험하게 만들어준다. 이런 기술을 통해 소비자는 가구, 가전제품, 주방기기, 자동차, 스마트기기 등 다양한 제품군을 가상 환경에서 직접 체험하게 된다. 가구 체험 시 소파의 쿠션감과 침대의 포근함을 실제처럼 느끼고, 테이블 표면의 질감을 확인할 수 있다. 주방기기에서는 냉장고 문을 여닫는 무게감이나 오븐의 터치 반응을 체험하며, 손잡이의 그립감을 미리 확인할 수 있다. 자동차의 경우 시트에 앉았을 때의 착석감, 핸들의 그

림감, 가속 페달의 반발력을 느낄 수 있고, 스마트 기기에서는 스마트폰 화면의 터치감이나 버튼의 클릭감, 이어폰의 착용감을 실제처럼 경험할 수 있다. 이러한 감각적 경험을 통해 소비자는 제품을 실제 사용했을 때와 같은 느낌을 얻으며, 다양한 제품군에 걸쳐 구체적인 감각적 체험을 할 수 있게 된다.

또한 가구의 쿠션감, 주방기기의 터치감, 자동차 핸들의 질감과 같은 세부적인 특성까지 체험할 수 있어 사용자의 요구를 세밀하게 반영한 선택이 가능해진다. 소비자가 가상 환경에서 제품 데이터를 수정하면 AI는 사용자의 신체 데이터와 선호도를 분석해 최적의 옵션을 추천한다. 이렇게 수정된 데이터는 실시간으로 최적화되어 3D 프린터에서 출력 가능한 형태로 변환된다. 발전된 3D 프린터 기술은 여러 재질을 정밀하게 혼합해 출력할 수 있는 멀티 재질 시스템을 갖추고 있다.

예를 들어, 금속과 플라스틱, 세라믹과 같은 이질적인 소재를 동시에 정교하게 레이어링하거나, 특정 부위에만 탄성이나 내구성을 강화하는 맞춤형 재질 혼합이 가능해진다. 출력 시간도 크게 단축되어 과거 몇 시간 걸리던 작업이 수 분 안에 완료되며, 고해상도 출력이 표준화되어 더욱 섬세한 디테일을 구현할 수 있다. 10년 후에는 고성능 3D 프린터가 가정에 널리 보급되며, 수정된 데이터는 즉시 집에 있는 3D 프린터로 전송된다. AI는 출력에 필요한 재질을 자동으로 분석해 적합한 모듈형 카트리지를 준비하거나 배송하고, 프린터는 다양한 재질을 동시에 출력하거나 복합 재질을 혼합해 제품을 제작한다.

예를 들어, 소파의 프레임과 쿠션처럼 서로 다른 재질을 동시에 출력하거나, 사용자 맞춤형 기능을 반영해 복합 소재를 정밀하게 조합할 수 있다. 또한, 재활용 시스템을 통해 사용하지 않는 재료나 폐기된 제품을 다시 활용함으로써 자원의 낭비를 줄이고 지속 가능한 디자인을 가능하게 한다. 이렇게 데이터화된 맞춤형 제작 과정은 더 빠르고 효율적으로 사용자에게 최적화된 제품을 제공한다.

AI는 디자인의 효율성을 극대화하는 강력한 도구이지만, 감성적 설계와 창의성은 여전히 인간 디자이너의 고유한 영역이다. AI는 데이터를 분석하고 최적화된 솔루션을 제시하지만, 디자이너는 AI의 기술적 기반 위에 감성과 스토리를 더해 제품을 사용자에게 의미있는 경험으로 완성한다. 이러한 조화는 기술과 인간의 감성이 결합될 때 비로소 진정한 가치를 창출한다.10

년 후의 산업 디자이너는 메타버스와 같은 가상 플랫폼을 활용해 전 세계 소비자와 실시간으로 소통하며 맞춤형 제품을 설계할 수 있을 것이다. 디자이너들은 AI와 협업해 실시간 데이터를 분석하고 개인의 취향과 요구를 즉각 반영하는 능력을 갖추게 될 것이다. 이를 위해 디자이너는 3D 모델링, 데이터 분석, AI 기반 시뮬레이션과 같은 기술을 익혀야 한다. 교육 시스템 또한 변화할 것이다. 미래의 디자이너들은 감각적 경험을 설계하는 방법뿐만 아니라, 가상과 현실을 연결하는 기술적 도구를 다룰 수 있도록 훈련받게 된다. 예를 들어, 가상 현실을 활용한 디자인 워크숍이나 AI 도구를 통한 실시간 피드백 시스템이 일반화될 것이다. 이렇게 기술과 창의력을 모두 갖춘 디자이너들은 혁신적이고 감성적인 제품을 설계하며, 사용자와 더욱 밀접하게 연결된 디자인 경험을 제공할 수 있을 것이다.

기술이 발전할수록 디자이너의 역할은 더욱 중요해진다. 감동을 주는 제품은 결국 인간의 손길이 더해질 때 완성되며, 디자인은 사람을 위한 것이라는 본질을 유지하게 될 것이다.

최민석(산업디자인학과 4학년)

AI의 붓끝에서 그려지는 미래 게임 세계

최근 게임업계에서는 AI를 적극적으로 활용하고 있으며 그 활용이 점점 더 확대되고 있다. 예를 들면 'AI Dungeon'이라는 게임에서는 게임의 캐릭터를 유저가 만들고 게임의 장르 등을 설정해주면 그것에 맞춰서 AI가 즉석으로 스토리를 생성하고 게임을 진행시켜주며 유저의 선택에 따라서 새로운 캐릭터를 등장시키거나 스토리를 변화시켜 준다.

이를 통해서 유저는 스스로 만들어가는 스토리에 몰입하며 더 깊은 만족감을 얻게 된다. 이처럼 현재 게임업계에서는 AI를 통해서 유저의 수동적인 게임 참여를 능동적으로 전환시키는데 초점을 맞추고 있으며 유저에게 더욱 높은 몰입감과 다양한 경험을 제공하는 것을 목표로 발전해 나가는 경향을 볼 수 있었다. 이러한 AI와 가상 세계의 융합은 게임외에서도 흥미로운 결과를 만들어내고 있다. 최근 일본에서는 버츄얼 학교라는 일본 교육부인가를 받은 정식 학교가 생겼다고 한다. 이곳에서는 학생들이 물리적으로 등교하지 않고, 가상 캐릭터를 통해 원격으로 수업에 참여한다. 이런 변화는 현실과 가상의 경계를 점점 더 모호하게 만들며, 언젠가는 이 둘의 차이가 거의 사라질 것이라는 가능성을 보여준다.

현재에도 AI는 생각하는 것보다 많은 영역에서 사용되고 있었으며 10년 후에는 이러한 AI의 개입이 더욱 적극적으로 변할 것이라고 생각한다.

단순히 'AI가 게임을 자동으로 만들어 준다.'와 같은 상상에 그치는 것이 아니라, AI가 게임의 본질을 재정의할 가능성이 매우 높다. 앞에서 말했듯 게임업계에서의 AI 사용은 사용자의 적극적 참여와 높은 몰입감, 다양한 경험제공을 목적으로 활용되고 있었으며 이러한 트랜드와 세상의 변화를 바탕으로 10년 후 미래의 세상을 먼저 상상해보자.

10년후에는 아마 스마트폰과 컴퓨터의 경계는 지금보다 더욱 희미해지며 그에 그치지 않고 네비게이션, 텔레비전 등 대부분의 전자기기들이 하나로 통합될 가능성까지 있다. 이와 함께,

10년 후에는 이러한 AI 발전을 통해서 가상세계와 현실세계의 경계가 완전히 무너질 것이라고 생각한다. 그런 세상이 된다면 현실뿐만 아니라 가상세계를 관찰하는 기기가 필요할텐데 스마트폰을 한 손에 들고 핸드폰 렌즈를 통해서 가상세계를 보는 행위는 매우 불편하여 완전히 새로운 기기가 발명될 것이다. 예를 들면 목에 거는 블루투스 이어폰 같은 형태로 신경을 통해서 기기가 대뇌로 직접 가상 정보를 보내어 사용자의 눈에만 증강현실 형태로 보이는 홀로그램 데스크탑 형태의 기기가 나올 수도 있을 것이다. 그렇게 된다면 광고 전단지나 간판 같은 것들도 기기를 통해서만 볼 수 있는 데이터 형태로 바뀔 것이고 이렇게 가상세계와 현실세계가 혼재한 세상이 된다면 안경도 필요없이 기기가 자동으로 시력을 보정해주고 데이터를 사용자의 뇌로 직접 전달하는 것 또한 가능해질 것이다. 이처럼 현실과 가상이 자연스럽게 뒤섞인 세상이 된다면, 게임의 형태도 크게 변화를 맞이하게 될 것이다.

게임이란 컴퓨터로 하나 핸드폰으로 하나 혹은 닌텐도와 같은 게임기로 플레이를 하냐에 따라서 그 플레이 방식이 변한다. VR, AR, 현실공간을 자유롭게 왔다 갔다하는 미래에서는 당연히 게임의 플레이 형태 또한 변하게 될 것이다. 먼저 기존에

손가락으로 플레이를 하던 모바일게임에서 터치패드를 없애고 사람들이 VR, AR공간에서 몸을 자유롭게 움직이며 게임을 플레이 하게끔 게임의 형태가 변화할 것이라고 생각한다. 또한 이렇게 변화하는 과정에서 AI는 유저의 안전과 몰입감을 동시에 보장하는 역할을 맡게 될 것이다.

먼저 사람들이 몸을 움직여 가며 게임을 플레이하게 된다면 주변에 장애물이 있거나 사람이 지나갈 때 부딪칠 위험이 있을 것이다. 이러한 때 앞에 장애물이 있다고 알림으로 표시해주는 것이 아니라 AI가 주변 환경을 읽고 주변의 장애물이나 사람 혹은 낭떠러지 같은 위험 지역이 있을 경우 유저의 게임 몰입감을 해치지 않고 위험을 피해 갈 수 있도록 자연스럽게 게임 맵을 바꾸어 유저가 피해갈 수 있도록 유도하게 될 것이다. 예를 들면 현재 내가 게임에서 푸른 들판을 걷고 있다고 가정해보자

이때 앞에서 사람이 걸어오면 사람이 걸어온다고 게임하는 중간에 알림으로 경고를 해주는 것이 아니라 AI가 주변 환경을 읽고 걸어오는 사람의 이동경로를 예측하여 해당 경로로 게임 환경과 잘 어울리는 장애물을 생성하고 유저가 자연스럽게 해당 경로를 피해갈 수 있도록 하게 될 것이다.

현재 가정에서는 푸른 들판을 걷고 있으니 앞에서 걸어오는 사람의 예측된 이동경로 상에 바위나 나무 같은 주변 환경과 어울리는 장애물들을 배치하여 유저가 해당 구역을 자연스럽게 피해갈 수 있도록 연결해준다.

이렇게 된다면 유저는 게임을 하는 동안 게임 몰입감을 헤치지 않으면서 아무런 위험없이 게임을 플레이 할 수 있게 될 것이다. 또한 이러한 기술의 연장선으로 이동하면서 게임을 플레이하게 된다면 게임을 플레이하는 중에는 앞이 보이지 않아도 목적지를 설정해 두고 이동을 시작하면 AI가 경로에 맞춰서 게임맵을 변형하여 유저가 게임을 진행하는 동안 자연스럽게 목적지에 도착하도록 유도해 주는 것까지 확장 가능해질 것이다.

예를 들어 집에서 편의점을 잠깐 갔다오면서 게임을 한다고 가정했을 때 출발하기 전 미리 목적지를 입력해 둔다면 AI가 이를 바탕으로 목적지까지의 이동경로를 바탕으로 맵을 미리 제작하여 게임을 플레이 하면서 목적지까지 어딘가에 부딪치거나 하는 등 방해없이 도착할 수 있도록 유도할 수 있을 것이다.

눈을 감고 RPG게임을 한다고 상상해보자 몬스터를 잡고 던전을 탐험하고 게임을 즐기고 있는데 어딘가 외출해야 하는 일이 생겼다. 목적지를 설정해두고 게임을 켜서 던전에 입장을 하면 AI가 자동으로 집에서 목적지까지 가는 예상 경로를 계산하여 던전의 길을 예상경로에 맞춰서 만들어 줄 것이다. 그러면 굳이 게임하는 중간중간 어디인지 확인할 필요 없이 던전을 진행하다 보면 목적지까지 자연스럽게 도착하게 될 것이다. 이때 유저는 어떠한 위화감도 느끼지 않고 자연스럽게 목적지까지 던전을 진행하다 보면 유도되는 것이다. 그렇게 몬스터도 잡고 게임을 진행하다가 주변에 사람이 지나가거나 자동차가 오는 등 변수가 생기면 유저의 반경 100미터 앞에서 미리 AI가 주변 CCTV나 위성카메라를 통해서 그것을 읽고 예상되는 장애물의 경로를 읽어낸 후 그에 맞춰서 유저가 앞으로 진행하게 될 지역의 맵의 형태를 바꿔준다.

해당 경로에 지나가지 못하는 벽 혹은 함정을 설치 한다던지 아니면 낭떠러지 같은 지형을 만드는 등의 방법으로 유저가 자연스럽게 게임의 몰입감이 깨지는 일 없이 피해갈 수 있도록 유도해 줄 것이다.

이러한 게임형태의 변화는 유저에게 다양한 경험과 실제 같은 체험 그리고 깊은 몰입감을 선사해 줄 것이다.

미래에는 결국 AI가 게임뿐만 아니라 우리의 일상과 가상 환경을 연결하고 몰입감을 높이는 핵심 기술이 될 것이다.

우리는 변화에 적응할 수 있도록 끊임없는 학습과 기술에 대한 지속적인 관심도 필요하겠지만 그 안에서 로봇은 하지 못하는 인간의 철학을 세우는 것이 중요하다고 생각한다.

AI와 공존하는 미래에서 인간이 기술의 올바른 사용 방향을 제시하고, 그 중심을 잡는 역할을 해 나가야 한다. 이를 위해 윤리와 도덕에 기반한 확고한 철학적 자세를 갖추는 것이 무엇보다 중요해질 것이다.

결론적으로, AI와 함께 만들어갈 미래는 인간이 기술을 어떻게 활용하고, 어떤 가치를 지켜 나갈 것인지에 따라 AI와의 공존이 더 나은 세상을 만드는 열쇠가 될 것이다.

문수인(컴퓨터학부 4학년)

CHAPTER

02

무엇이 되더라도, 무엇을 하더라도

이유현
김나영
정하나
심예은
이우진
조수민
두 군
남송문

미래의 사랑, 데이터로 풀어내다

10년 후, 거리는 여전히 사람들로 붐빈다. 사람들은 손을 맞잡고, 카페 테라스에서 웃음을 나누고, 공원 벤치에 앉아 담소를 즐긴다. 겉보기에는 크게 달라지지 않은 일상 같지만, 실제로는 눈에 보이지 않는 차이가 있다. 바로 사람들의 얼굴, 목소리, 나아가 체온이나 심박수까지 분석하여 상대방의 감정 상태를 실시간으로 파악해주는 '감정 분석' 기술이 일상 깊숙이 스며들었다는 점이다.

개발 초기 단계의 감정 분석 기술은 단순하고 제한적이었다. 연구자들은 사진 속 얼굴 표정을 분석하여 '행복', '슬픔', '분노', '놀람' 같은 기본적인 감정만을 추정할 수 있었다. 이 기술은 오래전에 스마트폰의 사진 필터나 보안용 안면 인식 등에 활용되었지만, 정확도나 활용 범위는 미흡했다. 예를 들어, 그저 입꼬리가 올라가면 '행복'으로 인식하고, 찡그린 표정이면 '분노'라고 단정 짓는 식이었다. 당시에는 감정이라는 복잡한 정신적 상태를 단순한 근육 움직임 몇 가지로 해석하기엔 한계가 명확했다.

하지만 빅데이터와 인공지능 기술이 빠르게 발전하면서 상황이 바뀌었다. 수십억 장의 얼굴 이미지, 수많은 음성 데이터, 나아가 착용형 디바이스를 통한 생체신호까지 모두 수집되고 학습되면서, 기계는 점차 '표정 너머의 감정'을 읽어내기 시작했다. 이를 가능하게 한 기술적 핵심에는 심층 신경망(Deep Neural Network, DNN)의 발전이 있었다. 딥러닝 알고리즘은 표정, 음성, 생체신호 등 서로 다른 데이터를 통합적으로 처리하여 사람의 감정을 더 정교하게 분류하고 예측한다. 예를 들어, 컴퓨터 비전 기술은 얼굴의 미세 근육 움직임을 분석하고, 음성 분석 모델은 톤과 억양의 변화를 감지하며, 생체신호 데이터는 심박수와 피부 전도도를 통해 스트레스나 긴장을 추정한다.

이 기술은 단순히 데이터를 처리하는 데 그치지 않는다. 각기 다른 유형의 데이터를 융합하여 더 높은 수준의 컨텍스트 이해를 제공한다. 예를 들어, 얼굴 표정과 목소리 톤의 결합 분석은 단일 신호보다 더 높은 정확도를 제공하며, 사용자의 생체신호까지 추가하면 심리적 상태를 한층 더 깊이 이해할 수 있다. 이 모든 과정을 실시간으로 처리하기 위해서는 강력한 컴퓨팅 성능과 클라우드 기반의 데이터 처리 인프라가 뒷받침된다.

초기에는 실험실이나 전문 연구기관에서만 가능했던 이러한 정교한 감정 분석이, 이제는 가정용 스마트 안경이나 손목 밴드 형태로 구현되어 일반인에게도 보급되고 있다.

이러한 기술 발전의 결과, 감정 분석은 더 이상 기업의 고객 반응 조사나 보안 검사대만의 전유물이 아니다. 오늘날 사람들은 자신이 좋아하는 이성과 데이트를 할 때, 직장상사와 업무 협상을 할 때, 친구와 섬세한 대화를 나눌 때, 심지어 처음 만난 사람과 어색한 침묵을 깨고 싶을 때에도 이 기술에 의존한다.

기술이 제공하는 실시간 감정 피드백은 인간관계의 작은 순간들에 새로운 기회를 열어준다. 이를테면 상대방이 진심으로 공감하는지, 억지로 웃고 있는지, 관심이 식어가는지 등을 한눈에 파악할 수 있다. 물론 이러한 편리함이 완벽한 것은 아니지만, 사람들은 이 기술을 통해 관계의 미묘한 결을 더 풍부하게 느끼게 되었다.

이제 이 새로운 시대 속에서, 철수와 영희라는 젊은 커플을 한 번 살펴보자. 철수는 오늘 저녁, 영희와 두 번째 데이트 약속이 있다. 첫 만남 때 둘은 적당히 웃고 이야기했지만, 철수는 여전히 영희의 진심이 궁금하다. 예전 같으면 그냥 감으로만 추측했겠지만, 이제 철수는 스마트 안경을 통해 영희의 표정 변화, 목소리 톤, 말하는 속도, 심지어 그녀의 홍조나 미세한 맥박 변화를 간접적으로 해석할 수 있다. 기술은 실시간으로 '지금 영희는 약간의 긴장 속에서 호감도가 상승하는 중' 같은 메시지를 철수에게 전송한다. 철수는 이 정보를 무조건 진리로 믿지 않는다. 다만 이를 하나의 참고 사항으로 삼아, 영희와의 대화 주제를 조정한다거나, 적절한 순간에 칭찬을 건네는 등 상황에 맞게 행동한다.

약속 장소는 도심 한복판의 작은 재즈바. 영희가 문을 열고 들어서자 철수는 안경을 통해 그녀의 초기 반응을 살핀다. 영희는 적당히 밝은 표정을 짓고 있으나, 살짝 긴장한 기색도 있다. 안경은 이를 '관심 있지만 아직 확신하지 못함'이라는 해석으로 제시한다. 철수는 이런 정보를 토대로 먼저 부드럽게 인사를 건네고, 그날 재즈바에 초대한 이유- 음악을 좋아한다던 영희의 말을 기억했다는 점- 를 솔직하게 전한다. 그러자 영희는 한결 편안한 표정으로, "정말 기억해줬네!"라며 웃음을 짓는다. 안경은 '호감도 상승'을 전달하지만, 철수는 스스로 영희의 눈빛에서 진심을 느끼려 애쓴다. 결국 감정은 숫자로 딱 잘라 해석할 수 없는 인간적인 영역이므로, 기술은 단지 보조 역할일 뿐이다.

이들이 마시는 칵테일 한 잔, 라이브로 연주되는 부드러운 색소폰 선율, 그리고 대화. 안경은 때때로 '영희가 농담에 미지근한 반응'이라는 알림을 철수에게 건네고, 철수는 바로 다른 화제로 전환한다. 영희는 손목에 찬 감정 분석 워치를 통해 철수가 말할 때 목소리가 더 편안해졌다는 미묘한 신호를 감지한다.

그녀는 자신도 모르게 "이 사람이 점점 내게 마음을 열고 있나?"하는 생각을 한다. 두 사람은 아직 기계의 정보 없이도 감정을 느끼고 교환할 수 있지만, 이 기술이 마치 통역기처럼 작동해 오해를 줄여주고, 공감의 밀도를 높여주는 것은 부정할 수 없다.

과거와 비교해보면, 초기 감정 분석 기술 시대에는 이런 섬세한 상호작용이 불가능했다. 과거에는 그저 '웃는 표정이면 행복' 정도로 단순 분석하던 시스템이었고, 이를 인간관계에 활용하기란 사실상 무리였다. 하지만 지금은 인공지능이 수많은 문화권의 다양한 감정 표현 방식을 학습했고, 사람마다 다른 표정 습관까지 반영한다. 한 사람은 기쁨을 느낄 때 눈웃음을 짓고, 다른 사람은 미소 대신 입술을 비틀며 표현할 수도 있다. 인공지능은 이런 차이를 이해하고 정교한 해석을 제공한다. 이미 전 세계 기업들이 이 기술을 응용해 고객 만족도를 측정하거나, 교육 현장에서는 학생들의 이해도나 집중도를 파악하는 도구로 활용하고 있다.

하지만 감정 분석 기술이 빛나는 장면만 있는 것은 아니다. 사람들은 이러한 기술의 발전에 따라 새로운 윤리적, 법적 고민을 마주하게 되었다. 누군가의 내면을 훔쳐보는 것 같은 느낌, 그것을 활용하여 사람을 조종하거나 설득하는 데 악용할 수도 있다는 우려가 있다. 기업이 고객 데이터를 분석해 과도한 마케팅을 펼치거나, 정치권력이 감정 데이터를 이용해 여론을 미세하게 조정하는 시나리오도 상상해볼 수 있다. 따라서 국제 사회는 감정 분석 기술의 사용에 대한 가이드라인 마련에 힘쓰고 있다. 엄격한 데이터 보호법과 활용 제한, 사용자 동의 및 투명성 확보, 특정 목적(예: 범죄 수사나 의료 지원) 외 남용 금지 등 다양한 제도적 장치가 논의 중이다.

그럼에도 불구하고, 이 기술은 인간관계에 긍정적 영향을 미칠 잠재력을 품고 있다. 마치 번역기가 언어의 장벽을 허무는 것처럼, 감정 분석은 서로 다른 감정 표현 스타일을 가진 사람들 간의 '감정적 장벽'을 낮추는 역할을 한다. 예를 들어, 문화적 차이로 인해 어떤 감정 표현이 오해를 불러일으키는 상황이 줄어들 수 있다. 해외에서 온 파트너나 외국인 친구와 이야기할 때, 이 기술은 통역사가 감정의 맥락까지 해석해주어 더 빠르고 깊은 이해를 돕는다.

밤이 깊어갈 무렵, 재즈바 밖으로 나온 철수와 영희는 걸으며 이야기를 나눈다. 철수는 안경의 피드백을 무시하고, 그냥 영희의 눈을 바라본다. 영희는 철수의 얼굴에 맺힌 작은 주름, 목소리에 담긴 진정성을 직접 읽으려 한다. 감정 분석 기술이 점등되는 순간과 꺼지는 순간 사이에서, 이들은 스스로 균형점을 찾는다. 기술은 편리하고 매력적이지만, 인간의 감정 세계를 전부 대체할 수는 없다. 결국 '감정의 언어'를 매개하는 건 기계가 아니라, 인간 스스로의 마음이다.

10년 후의 이 세상에서, 감정 분석 기술은 사람들에게 새로운 가능성을 열어준다. 데이트에서 실수를 줄이고, 업무 협상 때 상대방의 긴장감을 파악하거나, 친구와 대화할 때 더 진솔한 공감을 이끌어낼 수 있다. 그러나 이 모든 과정에서 기억해야 할 것은, 감정 분석은 결코 완전한 해답이 아니라는 점이다. 미세한 얼굴 근육의 떨림을 포착하고, 목소리 파장을 해석하며, 데이터를 통해 감정을 가늠할 수 있다 해도, 진정한 인간적 유대는 항상 서로를 향한 관심과 배려, 직접적인 소통과 노력 속에서 완성된다.

10년 전보다 더 풍부해진 감정 분석 기술의 세계에서, 사람들은 기계를 통해 서로를 더 깊이 이해하려고 노력한다. 과거의 한계에서 벗어나, 현재의 편리함을 누리며, 미래에는 아마 더 자연스럽고 친밀한 감정 번역기가 등장할지도 모른다. 하지만 결국 감정이라는 섬세한 빛의 스펙트럼을 전부 해석하는 데는 한계가 있을 것이다. 그 한계를 인정하면서도, 우리는 이 기술을 마치 스토리텔러나 무대 뒤의 조명 담당자처럼 활용할 수 있다. 더 깊은 관계, 더 진솔한 소통, 더 풍부한 인간적인 순간들을 만들어나가는 데 이 기술이 조용히 기여할 것이다.

결국, 감정 분석 기술이란 새로운 언어를 얻은 것과 같다. 언어가 우리를 더 풍요롭게 하는 것처럼, 이 기술도 관계를 더 다채롭게 만들어줄 수 있다.

하지만 중요한 것은 그 언어를 어떻게 활용하느냐에 달려 있다. 인간답게, 서로를 존중하며, 진심을 담아 대화하고 관계를 키워나갈 때, 감정 분석 기술은 한 걸음 물러서서 웃으며 거들어줄 것이다.

이 미래를 바라보며 철수와 영희는 서로에게 미소 짓는다. 기술의 도움으로 한층 가까워진 이들이, 언젠가 안경이나 워치 없이도 서로의 마음을 잘 이해하게 되는 순간이 올지도 모른다.

이유현(산업경영공학과 4학년)

당신이 한 선택, 당신이 한 걸까?

아침에 눈 떠서 무심코 고른 옷, 점심 메뉴, 친구랑 나눈 대화 속 한마디. 매일 수백 가지 선택을 하는데 그 모든 선택 뒤엔 사실 보이지 않는 '감정'이 자리 잡고 있다. 근데 만약 당신이 느끼는 감정을 수치로 정확히 볼 수 있다면? 그리고 그 숫자가 네 선택과 행동을 더 나은 방향으로 이끌어줄 수 있다면 어떨까? 2034년, 감정은 이제 그냥 '느낌' 같은 게 아니다.

네 감정은 이제 분석되고, 데이터로 기록된다. 그리고 이 데이터를 활용해서 우리는 더 나은 나, 더 나은 관계, 더 나은 세상을 만들어가고 있다. 이런 세상에서 당신은 어떤 변화를 겪게 될까?

당신의 감정 데이터가 당신보다 더 당신을
잘 알게 된다면,
그때 당신은 어떤 선택을 하게 될까?

2034년, 우리가 감정을 이해하고 분석하는 방식은 10년 전만 해도 상상하기 어려운 수준으로 발전했다. 이제 감정은 단순한 주관적 경험을 넘어서 정확히 데이터화된 과학적 지표로 분석된다. 감정은 더 이상 불확실한 '느낌'이 아니다. 이제 감정은 '숫자'가 된다. 감정의 흐름을 가시화하는 시대가 도래한 것이다. 사람들은 자신뿐만 아니라 다른 사람들의 감정상태도 실시간으로 파악하고, 이를 바탕으로 더 나은 결정을 내리며 살아가고 있다.

감정은 이제 '데이터'이다. 이제 감정은 더 이상 단지 개인의 직관이나 직감에 의존하지 않는다. 2034년의 사람들은 자신의 감정 상태를 실시간으로 추적하고 분석하는 기술을 갖추고 있다. 이렇게 분석된 감정 데이터를 '정서 코드'라고 한다. 우리는 모두 정서 코드를 가지고 있다. 이 정서 코드는 개인의 감정적 상태를 수치로 표현하며, 자신이 얼마나 긍정적이고 안정적인지, 혹은 불안하고 스트레스를 받는지 명확하게 알 수 있다.

이제 우리의 일상에 침투한 건 다름 아닌 감정이 데이터화되는 정서 코드 시스템이다. 그리고 그 시스템을 어떻게 활용하느냐에 따라 삶의 질은 물론, 인간관계, 직장 생활, 개인적인 성취까지 모든 것이 달라진다. 10년 후의 세계에서는 '감정 이해와 활용'이 그 무엇보다 중요하다.

당신의 감정 데이터 즉, 정서 코드는 당신의 행동, 결정, 관계 형성에 깊은 영향을 미친다. 예를 들어, 지금 당신이 불안한 상태에 있다면 어떤 선택이든 결정을 짓는 것을 미루게 될 가능성이 높고 과도한 흥분 상태라면 분위기에 휩쓸린 잘못된 결정을 할 수 있다. 이런 결정들이 그저 직감에만 의존한 것이 아니라 이제는 데이터화되어 타당한 이유를 가지게 되는 것이다.

어떻게 감정이 데이터화, 수치화 될 수 있는가? 감정에 따라 변하는 사람의 신체적 변화를 수집하면 감정도 데이터화가 가능하다. 스마트워치와 같은 웨어러블 기기를 활용해 당신이 잦은 수면 부족을 경험하고 있다면 스트레스가 높은 상태라고 추정할 수 있고 심박수가 과도하게 높은 상태라면 어떤 원인으로 인해 당신이 흥분도가 높은 상태라고 추정할 수 있다.

이런 데이터를 차곡차곡 모으고, 당신에게 하는 간단한 질문들에 대한 답변을 종합해 특정 신체적 변화가 나타날 때 특정 감정을 느낀다고 데이터화하는 것이다. 데이터화된 당신의 감정은 머신러닝 모델에 의해 다섯 가지 축을 기준으로 나누어진다. 이 다섯 가지 축은 각자의 감정적 특성을 이해하는 데 중요한 역할을 한다. 그것은 단순히 감정을 분류하는 것을 넘어서, 자기 자신을 이해하고 관리하는 데 필요한 중요한 도구로 자리 잡았다.

첫 번째 축은 자기확신-불안이다. 자기 확신이 강한 사람은 스트레스를 잘 관리하고, 어려운 상황에서 침착하게 대처할 수 있다. 반면, 불안을 자주 느끼는 사람은 스트레스가 쌓일 수 있으므로 자기 관리가 중요하다. 이 축을 잘 이해하고 있으면 자신의 감정을 사전에 예측하고 대처할 수 있다.

두 번째 축은 긍정성-부정성이다. 긍정적인 감정을 잘 유지하는 사람은 외부 자극에 쉽게 영향을 받지 않으며, 자기 동기화 능력이 뛰어나다. 긍정적인 사람은 작은 문제에 쉽게 흔들리지 않는 반면, 부정적인 감정이 주기적으로 나타나는 사람은 작은 문제에도 흔들릴 가능성이 높기 때문에 이를 관리하는 기술을 배우고, 새로운 시각으로 문제를 바라보는 훈련이 필요하다.

세 번째 축은 흥분-안정성이다. 흥분을 잘 느끼는 사람은 빠르게 아이디어를 내고 실행하지만, 지나치게 자극적이거나 너무 빨라서 놓치는 경우가 발생할 수 있다. 안정적인 감정을 유지하는 사람은 더 깊이 생각하고 계획적으로 움직이지만 가끔은 더 과감한 선택이 필요할 수 있다. 자신이 어느 축에 속하는지 알면 더 적합한 환경을 선택하고, 더 효과적인 전략을 세울 수 있다.

네 번째 축은 사회성-고립성이다. 사회적인 사람은 팀워크에서 뛰어난 성과를 보이며, 사람들과의 관계에서 에너지를 얻는다. 반면, 고립을 좋아하는 사람은 혼자서 더 효율적으로 일하고 독립적인 성취가 우수하다. 각자의 감정적 특성을 이해함으로써 자신에게 가장 잘 맞는 환경과 일을 선택할 수 있다.

다섯 번째 축은 감성-이성이다. 감정을 중시하는 사람은 공감 능력이 뛰어나지만, 때로는 이성적인 결정을 내리는 데 어려움이 있을 수 있다. 이성을 중시하는 사람은 객관적인 결정을 내리지만, 감성적인 요소를 간과할 위험이 있다. 자신의 감정적 특성을 인식하면 보다 균형 잡힌 의사 결정을 내릴 수 있다.

이 축을 기반으로 자신의 감정을 이해하고 그것을 활용할 수 있는 전략을 세우는 것이 이 시대에서 요구되는 바이다. 자신의 감정 상태를 주기적으로 점검하고, 그것을 바탕으로 실시간 피드백을 받아 즉각적으로 반영하고 조정하는 것이 중요하다. 이런 데이터가 누적되면 어떤 특정 상황에서 어떤 감정이 유발되는지 패턴을 발견하여 상황에 맞게 반응할 수 있게 될 것이고 이는 감정을 사전에 조절하는데 도움이 될 것이다.

가시화된 감정을 바라보고 이해할 수 있는 세상에서 당신에게 가장 큰 도전 과제가 될 수 있는 부분은 감정을 지나치게 억제하거나, 그 반대로 감정에 휘둘리는 것이다. 중요한 것은 자신만의 감정 균형을 찾는 것이다. 감정은 나쁜 것이 아니기에 억누를 것이 아니라, 오히려 그것을 인정하고 활용하는 법을 배우면 된다. 또한 당신의 감정 데이터는 데이터일 뿐, 당신의 모든 선택에 책임을 지지 않는다는 것을 명심해라. 감정 데이터를 기반으로 한 분석은 자신을 객관적으로 바라보는 도구로 활용될 수 있으며, 이를 통해 더 나은 결정을 내리고 성장을 이룰 수 있는 배경이 되어줄 뿐이다.

또한 타인의 감정을 이해하고 그에 맞는 상호작용을 하는 것은 자신의 감정을 관리하는 것만큼 중요하다고 할 수 있다. 정서 코드가 상용화 된 시대는 사람들 간의 관계도 다른 차원으로 이끌 수 있다. 당신과 주변 사람들 사이에 과학적인 감정 이해가 더해지면 서로에 대한 더 정교한 이해가 가능해질 것이다. 예를 들어, 상대방이 지금 스트레스를 받는지, 기분이 좋은지, 아니면 뭔가 불안한 상태인지 실시간으로 알 수 있으므로 직장에서의 팀워크와 리더십이 완전히 달라질 것이다.

다른 예시를 살펴보자. "난 괜찮아" 같은 말 대신 상대에게 감정 데이터를 보여주면서 진짜 상태를 솔직하게 표현할 수 있는 세상이 올 것이다. 이를 통해 서로에 대한 신뢰도도 보장될 것이고 서로를 이해하는 깊이가 달라질 수 있을 것이다.

또한 당신의 감정 데이터와 타인의 데이터를 함께 분석해서 흥분도가 높은 사람은 아이디어를 내고 안정적인 사람은 그 아이디어를 체계화하는 등 서로의 강점을 활용하는 관계를 만들어 나갈 수 있다.

정서 코드를 기반으로 한 타인과의 소통은 과거의 '대화 기술'이나 '상황 대처 능력'을 넘어 실시간 감정 분석을 통해 관계의 질을 끌어올리는 방법으로 발전하고 있다. 이제는 '이 사람은 지금 어떤 감정을 느끼고 있을까?'를 파악하는 능력이 효과적인 리더십과 팀워크의 핵심이 되었다.

앞서 말했듯이, 감정 데이터를 분석하는 데 핵심적인 역할을 하는 것은 바로 웨어러블 기기다. 이 기기는 단순히 심박수나 걸음 수를 측정하는 데 그치지 않고, 수면의 질, 피부 전도도, 체온 등 다양한 신체 데이터를 종합적으로 수집해 사용자의 감정을 분석한다. 예를 들어, 수면 패턴이 불규칙하거나 심박수가 비정상적으로 높다면, 시스템은 사용자가 스트레스 상태에 있다고 판단한다. 반대로 안정적인 수면과 낮은 심박수는 긍정적인 감정 상태로 해석된다. 이처럼 신체와 감정의 미묘한 상관관계를 데이터로 풀어내면서, 웨어러블 기기는 감정을 읽고 이해하는 개인 비서처럼 작동한다.

그러나 이런 시스템이 효과적으로 작동하기 위해서는 방대한 양의 개인 데이터가 필요하다. 사람들의 심박수, 수면 패턴, 활동 기록 등 민감한 정보를 지속적으로 수집하고 처리해야 하는 특성상, 개인정보 보호와 관련된 윤리적 문제가 대두된다.

데이터를 안전하게 저장하고 처리하기 위한 강력한 보안 시스템이 구축되지 않는다면, 개인의 감정 데이터가 유출되거나 악용될 위험이 존재한다.

더군다나, 감정 분석 데이터가 사람의 행동과 결정을 예측하고 영향을 미친다는 점에서, 기업이나 조직이 이를 부적절하게 사용할 경우 개인의 자유와 권리가 침해될 가능성도 있다.

또한, 감정 데이터를 수집하고 활용하는 과정에서 사람들의 동의를 어떻게 구하고, 데이터를 투명하게 관리할 것인지에 대한 질문도 떠오른다. 감정은 가장 사적인 영역 중 하나인데, 그것이 데이터화되고 누군가의 서버에 저장된다는 사실에 불안감을 느끼는 사람도 많을 것이다. 결국, 기술의 발전은 윤리적 고민을 동반해야 한다. 사람들이 자신의 데이터를 믿고 제공할 수 있도록, 감정 데이터 수집과 활용 과정은 투명하고 책임감있게 설계되어야 한다.

그럼에도 감정 데이터를 활용한 새로운 가능성은 부정할 수 없다. 감정 데이터가 적절히 보호되고, 개인의 권리가 보장되는 환경이 구축된다면, 이 기술은 사람들의 삶을 더 풍요롭게 만들 잠재력을 지니고 있다. 당신의 감정은 당신이 살아있다는 증거이다. 감정 데이터화 시대에 중요한 건 감정을 관리하는 데 그치는 게 아니다.

이 데이터를 활용해 자신을 뛰어넘고, 더 나은 관계와 성과를 만들어야 한다. 당신의 감정은 더 이상 혼자만의 비밀이 아니라, 당신을 움직이는 가장 강력한 동력이다.

그것을 분석하고, 이해하고, 활용하는 순간, 당신은 더 이상 감정에 끌려다니는 사람이 아니라, 감정을 지배하고 그걸로 세상을 바꿀 수 있는 사람이 될 것이다.

김나영(인공지능학과 1학년)

잃어버린 순간들을 다시 마주하는 방법

우리가 살아가는 동안 남기는 디지털 흔적은 단순한 데이터가 아니다. 이는 우리의 삶과 감정, 이야기가 담긴 소중한 자산이다. 가족과 나눴던 메시지, 기념일을 기록한 사진, 웃음소리와 목소리가 담긴 영상은 모두 우리의 존재를 증명하는 중요한 조각들이다. 하지만 시간의 흐름 속에서 이러한 흔적들은 쉽게 사라지거나 잊힐 수 있다. 이 소중한 흔적들을 어떻게 보존하고, 더 나아가 의미 있는 방식으로 전달할 수 있을까?

오늘날 기술은 디지털 흔적을 보존하고 활용할 다양한 가능성을 열어준다. 클라우드 스토리지는 데이터를 안전하게 저장하고, AI 기반 복원 기술은 잃어버린 순간을 되살리며, 가상현실 기술은 과거를 생생하게 재현한다. 또한, 데이터 암호화 기술은 중요한 자료를 보호하며 디지털 보안성을 강화한다. 하지만 이러한 기술들은 여전히 각각의 기능에 머무르기 쉽다. 디지털 흔적의 진정한 가치를 실현하려면 이 기술들을 통합하고 확장할 수 있는 플랫폼이 필요하다. 바로 그런 요구를 해결하기 위해 탄생한 것이 2034년의 혁신적인 플랫폼, 여명의 다락방이다.

여명의 다락방은 단순히 디지털 자료를 저장하는 공간이 아니다. 이 플랫폼은 고인의 삶과 정체성을 반영하는 디지털 흔적을 체계적으로 정리하고 관리하며, 이를 통해 유가족들이 잊을 수 없는 추억을 새롭게 경험할 수 있도록 돕는다. 플랫폼의 이름은 고인의 사후가 어둠 속에 머무르지 않고, 새벽에 떠오르는 햇살처럼 밝은 빛으로 이어지길 바라는 의미를 담고 있다.

예를 들어, 한 유가족은 고인의 음성 파일과 텍스트 기록을 기반으로 고인의 생전 모습을 재구성해달라고 요청했다. 특히, 고인이 자주 사용하던 말투와 표현을 재현해 마치 생전에 그와 대화하는 듯한 경험을 원했다. 여명의 다락방은 AI 기반 디지털 기억 인터페이스를 활용해 고인의 음성과 말투를 학습시켰고, 이를 바탕으로 음성 합성 기술과 자연어 처리 모델을 결합해 고인의 목소리로 대화를 나눌 수 있는 시스템을 완성했다. 유가족은 이 시스템을 통해 고인의 목소리를 다시 듣고, 그의 격려와 유머를 느끼며 큰 위로를 얻었다. 이는 단순히 기술적 구현을 넘어 디지털 흔적이 사람들에게 감정적 연결과 위로를 제공할 수 있음을 보여준다.

또 다른 유가족은 고인의 일상을 가상현실로 재구성해달라는 요청을 했다. 여명의 다락방은 고인이 남긴 사진, 일기, SNS 기록 등을 기반으로 고인이 사랑했던 정원 가꾸기와 저녁 산책 같은 일상을 가상현실 환경으로 구현했다. 몰입감 있는 가상현실 속에서 유가족은 고인의 삶을 따라가며 함께했던 순간들을 다시 느낄 수 있었다. 한 유가족은 "그의 일상 속으로 들어가 그와 시간을 보낸 듯한 경험이었다"며 깊은 감동을 표현했다. 여명의 다락방은 단순히 과거를 기록하는 데 그치지 않고, 추억을 생생한 경험으로 확장시킨다.

여명의 다락방은 고인의 사후세계를 구현하는 데까지 기술을 확장하고 있다. 한 고인은 생전에 "끝없이 펼쳐진 들판과 사랑했던 반려견들이 함께 있는 천국"이라는 자신의 이상적인 사후세계를 자주 이야기했다. 여명의 다락방은 고인의 사진, 음성 기록, 일기를 바탕으로 이 공간을 가상현실로 설계했다. 유가족은 이 공간 속에서 고인의 이상적인 사후세계를 체험하며 그의 삶과 철학을 더 깊이 이해할 수 있었다. 이 과정은 단순히 추억을 재현하는 것을 넘어, 디지털 기술이 사후세계의 의미를 재정립하고 유가족들에게 새로운 방식의 위로와 연결을 제공할 수 있음을 보여준다.

2050년의 여명의 다락방은 더욱 진보한 기술로 감각적 경험을 강화한다. 단순히 시각적 경험을 제공하던 기존의 가상현실을 넘어, 촉각, 후각, 심지어 온도까지 재현하는 멀티센서 기술을 적용한다. 사용자는 고인의 손길을 느끼고, 그가 좋아했던 향기와 소리를 생생히 경험하며 추억 속으로 몰입할 수 있다. 이러한 기술은 노령화 사회에서 세대 간 기억을 공유하는 데에도 중요한 역할을 한다. 어린 세대가 가상현실 속에서 조부모의 젊은 시절을 체험하며 세대 간 소통의 장을 열 수 있다.

여명의 다락방은 환경 보존에도 기여하고 있다. 기후 변화로 인해 사라진 숲과 빙하를 디지털로 복원해, 후손들이 이를 체험하며 환경 보호의 중요성을 깨닫도록 한다. 이는 단순히 기술의 발전을 보여주는 데 그치지 않고, 인류의 공통된 기억을 보존하고 미래 세대를 위한 교육적 가치를 창출한다.

플랫폼은 윤리적 문제도 철저히 다룬다. 고인의 동의 없이 디지털 흔적을 복원하거나 부적절하게 활용하려는 시도는 철저히 차단된다. 여명의 다락방은 데이터 윤리 기준을 엄격히 적용하며, 유가족과의 협력을 통해 자료의 적법성과 정당성을 보장한다. 이로써 플랫폼은 기술적 발전과 더불어 윤리적 책임까지 다하며, 디지털 흔적이 존중받는 사회를 만들어간다.

결론적으로, 여명의 다락방은 단순히 디지털 자료를 보존하는 플랫폼이 아니다. 기억을 재구성하고 감정을 풍요롭게 하며, 과거와 현재, 그리고 미래를 연결하는 다리 역할을 한다. 디지털 흔적은 우리의 삶을 증명하는 중요한 요소이며, 이를 통해 더 나은 미래를 설계할 수 있다.

지금부터 자신만의 디지털 흔적을 어떻게 남길지 고민해보라. 여명의 다락방은 당신의 추억과 이야기를 더욱 풍요롭게 만들어줄 것이다.

정하나(스마트ICT융합전공 1학년)

OTT를 입다!

　거북목은 더 이상 현대인의 질병이 아니다. 이제 우리는 눈높이에서, 내 시선을 따라 재생되는 영상을 경험할 수 있는 새로운 시대에 접어들었다. 시네글라스 렌즈(CineGlass Lens)는 겉보기에는 투명한 렌즈이지만, 착용하면 눈앞에서 홀로그램처럼 콘텐츠를 띄워주는 혁신적인 기술로, 손에 아무것도 들지 않고도 언제 어디서나 자유롭게 영상을 즐길 수 있게 한다.

　투명 디스플레이와 AI 기술을 활용해 주변 배경을 흐리게 처리하고, 사용자가 집중하는 화면은 선명하게 유지하여 몰입감을 극대화한다. 시네글라스 렌즈는 시간 장소에 국한되지 않고 편리하게 OTT를 시청하기 위해 고안되었다. 기존에는 '디바이스' 기반의 시청만 가능했다. 휴대전화, 태블릿, TV 등 타 기기를 매개해야만 시청할 수 있는 것이다. 그러나 침대에 누워 태블릿으로 영화를 보고 싶을 때를 상상해 보자. 손에 들고 보기에는 무겁고, 거치대를 써도 계속해서 한 각도와 방향으로만 시청해야하니 목이 뻐근해 영상을 오래 시청하기 어렵다. 이러한 문제를 해결하기 위해 고안된 것이 '시네글라스 렌즈'이다.

시네글라스 렌즈를 착용하면, 깜깜한 방에 누워 천장을 바라봐도 영상이 재생되고, 내가 옆으로 누우면 영상 또한 내 시야를 따라 움직이기 때문에 내 움직임의 제한이 없어진다. 영상을 보느라 발생한 거북목도 사라지고, 언제 어디서나 편안한 자세로 영상을 시청할 수 있다는 점에서 시네글라스는 현대인에게 필수품이 되었다.

더 이상 OTT는 시청한다고 말하지 않는다. 'OTT를 입는다'는 표현은 시네글라스 렌즈를 통해 단순히 콘텐츠를 '보는' 것을 넘어서, 콘텐츠를 마치 옷처럼 입고 그 세계에 스스로 들어가는 경험을 상징한다. 사용자가 콘텐츠의 일부가 되어 세계를 탐험하고 이야기를 만들어가는 몰입형 경험을 의미하는 것이다. 시네글라스를 통해 OTT는 더 이상 단순한 영상 플랫폼이 아니라, 사용자의 일상에 자연스럽게 스며드는 또 하나의 현실이 된다. 시네글라스는 특히 영상의 크기와 투명도를 사용자가 직접 조절할 수 있어, 필요 시 화면을 축소하거나 투명하게 전환해 주변 상황도 놓치지 않을 수 있다. 예를 들어, 지하철에서 흥미진진한 영화의 클라이맥스를 보고 있는데 친구가 말을 건다고 상상해보자.

이런 순간에도 시네글라스는 영화를 중단하지 않고 미니 뷰 형태로 축소해 보여준다. 동시에 친구와 대화를 할 수 있도록 자동 투명도 전환 기술을 활성화해 주변 환경을 인식할 수 있게 한다. 이러한 기술은 사용자가 설정을 통해 투명도의 강도와 전환 시간을 자유롭게 조절할 수 있어 맞춤형 경험을 제공한다. 스트림듀(StreamDew)라는 전용 용액에 보관하면 렌즈의 청결 유지와 콘텐츠 업데이트, 새로운 콘텐츠 구매가 가능하다. 이처럼 시네글라스는 단순히 영상을 재생하는 기기를 넘어, 사용자 경험을 중심에 둔 혁신적인 기술로 자리 잡았다.

시네글라스는 콘텐츠 소비 방식에 혁명을 일으키며, 새로운 형태의 엔터테인먼트를 탄생시켰다. 그중 하나가 바로 인터랙티브 AI 예능이다. 이 예능은 시청자가 단순히 콘텐츠를 보는 것을 넘어서, 직접 참여하고 선택을 통해 스토리를 만들어가는 방식을 제공한다. 대표적인 프로그램으로 'The Cube Trials'가 있다. 이 프로그램은 거대한 투명 큐브 안에서 제한 시간 내에 다양한 미션을 해결하며 탈출하는 퓨처 미스터리 어드벤처 장르다. 예를 들어, 사용자가 OTT에서 해리포터 시리즈를 즐겨 봤다면, 큐브는 마법 학교 호그와트로 변한다. 사용자는 호그와트의 학생으로 변장해 AI 학생들 속에서 자신의 정체를 들키지 않고 문제를 해결하며 탈출해야 한다. 'The Cube Trials'는 다양한 미션을 통해 몰입감을 극대화한다.

예를 들어, 'AI 교수님을 설득하라'라는 미션을 해결하기 위해 등장한 교수님 AI와 싸워야 한다. 교수님 AI는 논리적이고 단호한 성격으로, 단순한 설득으로는 성공하기 어렵다. 교수님 AI는 '그 논리 자체는 흥미롭지만, 근거가 부족하군요'라며 플레이어를 당황하게 한다. 이는 단순한 게임 이상의 예능적 요소를 가미해 사용자에게 재미와 도전을 동시에 선사한다. 이처럼 AI 출연진은 프로그램의 중심 요소로, 각기 다른 성격과 행동 패턴으로 사용자 경험을 풍부하게 만든다.

예를 들어, MBTI F유형이 극대화된 '감정 과잉형 AI'는 사용자가 미션을 성공할 때마다 감동적이라며 눈물을 흘린다. 반면,

'길치 AI'는 엉뚱한 방향으로 안내하며 "이 길이 맞는 줄 알았는데…, 미안해요!"라며 변명한다. 이러한 AI는 인간 제작진의 창의적인 설정과 결합되어 예능적 재미를 극대화한다.

이에 더해, 시네글라스는 OTT와 연동되어 혁신적인 OTT 경험을 제공한다. 먼저 OTT 콘텐츠 기반의 개인 맞춤형 큐브를 통해 구체적이고 몰입감 높은 설정을 경험할 수 있다.

예를 들어 〈기묘한 이야기〉의 팬은 '업사이드 다운' 세계로 변한 큐브에서 데모고르곤의 공격을 피하며 탈출해야 한다. 두 번째로, 기존 콘텐츠의 세계관에 들어가서 단순히 체험하는 것이 아닌, 세계관이 확장된 에피소드를 체험할 수 있다. 사용자는 세계 속에서 직접 문제를 해결하거나, 원작에서 드러나지 않은 숨겨진 이야기를 발견할 수 있다. 예를 들면, 영화의 시점 이후 '그림자 평원'과 '뒤집힌 숲'과 같은 원작에서 없었던 주인공이 살고 있다는 새로운 공간을 발견하며 주인공의 현재 삶을 찾아보는 재미도 더해진다.

이에 더해 사용자의 선택이 이야기의 결말을 바꾸는 요소로 작용하기도 한다. 마지막으로, OTT와의 직접 연계를 통해 사용자가 'The Cube Trials'에서 플레이한 경험에 기반해 새로운 콘텐츠를 추천할 수 있다. 마지막에 "당신은 호그와트에서 성공적으로 탈출했네요. 다음에는 판타지 장르의 'The Witcher' 큐브를, 스릴러 장르가 마음에 드신다면 'Mind hunter' 큐브를 체험해 보세요"와 같은 안내가 등장한다. 이처럼 시네글라스는 단순한 시청이 아닌, 더 나아가 직접 체험하고 생성하는 혁신적인 경험을 제공한다.

10년 후, 시네글라스는 다양한 OTT 플랫폼과 협업하며 새로운 형태의 엔터테인먼트 기업으로 자리 잡을 것이다. 기존 콘텐츠는 일반적으로 한 번 시청 후 재시청 비율이 낮아, 기회비용이 적은 특성이 있다. 그러나 시네글라스 렌즈를 통해 기존에 생성된 세계관이 재사용되고, AI와 제작진의 협업으로 지속적으로 확장된다면 콘텐츠의 활용 가능성은 무한대로 늘어난다.

사용자가 과거에 즐겼던 콘텐츠의 세계관이 시네글라스 플랫폼에서 새로운 이야기나 미션으로 재구성된다면, 이는 단순히 한 번의 시청에서 끝나는 것이 아니라 사용자가 지속적으로 참여하고 재경험하는 형태로 바뀐다.

인터랙티브 AI 예능은 이러한 변화를 선도하며, 참여자들의 선택과 반응에 따라 실시간으로 변화하는 콘텐츠를 제공한다.

이는 단순한 기술을 넘어, 엔터테인먼트 산업의 새로운 패러다임을 제시하게 될 것이다.

결국, 사용자의 일상이 곧 영화의 한 장면이 되고, 게임 속 퀘스트가 되며, 예능 속 주인공이 되는 세상을 만들어낼 것이다.

시네글라스는 단순히 콘텐츠 소비 방식을 변화시키는 데 그치지 않고, 우리의 상상력을 현실로 만드는 미래의 열쇠가 될 것이다.

심예은(문화콘텐츠학과 3학년)

민간신앙에도 AI

일본의 민간 신앙은 자연과의 깊은 유대를 기반으로 발전해 왔다. 일본인들은 숲, 산, 강을 단순히 자연경관이 아니라 신령이 깃든 신성한 공간으로 여겨왔다. 이 신앙은 자연을 존중하고 보호하려는 문화를 만들어내며 일본 전역에 깊이 스며들었다. 그러나 기후 변화, 환경 파괴, 자연재해의 빈발은 이러한 신성한 공간을 점차 위협하고 있다.

예컨대, 일본의 대표적인 신성한 숲으로 꼽히는 나가노 현의 아카기 신사 숲은 오랜 시간 신령이 머무는 장소로 여겨졌다. 하지만 근래에는 기후 변화로 인해 병충해가 급격히 확산되면서 삼나무와 편백나무가 대규모로 손실되었다. 주민들과 신사 운영자들은 숲을 지키기 위해 고군분투했지만, 전통적인 보호 방법만으로는 해결할 수 없는 한계에 직면했다.

이처럼 현대의 문제는 과거와 다른 복잡성을 띠고 있으며, 전통적인 신앙만으로는 해결이 어려운 상황에 이르렀다. 이러한 배경 속에서 AI와 같은 첨단 기술이 자연 보존과 재해예방에 있어 중요한 역할을 하게 되었다. AI는 단순히 데이터를 처리하는 도구를 넘어 인간의 신념과 공감대를 유지하면서 자연을 보호할 수 있는 새로운 가능성을 열어가고 있다.

AI 기술은 이러한 문제를 해결하는 데 있어 중요한 도구가 될 수 있다. 예를 들어, 일본의 몇몇 산림 보호 구역에서는 드론과 센서 네트워크를 활용한 AI 기반 숲 관리 시스템이 이미 도입되었다. 이 시스템은 숲의 온도, 습도, 토양 상태, 병충해 발생 현황을 실시간으로 모니터링하여 숲의 건강 상태를 정밀하게 분석한다. 2023년 기준, 일본의 키소 삼나무 숲에서 AI 시스템을 통해 병충해 확산을 조기에 탐지하고 방제 작업을 진행한 사례는 숲 보존의 새로운 가능성을 보여줬다.

또한, AI는 자연재해 예방에도 큰 기여를 하고 있다. 일본 기상청은 AI 기반 기후 예측 시스템을 활용해 산사태와 홍수 위험 지역을 사전에 식별한다. 이러한 기술은 단순한 경고를 넘어, 위험 지역에 거주하는 주민들에게 대피 경로와 안전한 장소를 실시간으로 안내하는 맞춤형 솔루션을 제공한다.

현대 기술의 발전은 숲 보호와 복구를 위한 새로운 가능성을 열어 주었다. 특히, AI(인공지능)와 유전자 조작 기술은 숲의 생태계를 관리하고 재해를 예방하며, 파괴된 지역을 복구하는 데 핵심적인 역할을 하고 있다.

AI는 숲의 상태를 실시간으로 모니터링하고 분석하는 데 활용된다. 일본 내 여러 산림 보호 구역에서는 이미 AI 기반 관리 시스템이 도입되어 숲의 온도, 습도, 병충해 발생 여부 등을 모니터링하고 있다.

예컨대, 시가 현의 히코네 삼림 보호구역에서는 AI가 병충해 발생 가능성을 사전에 탐지해 숲 관리자가 신속히 대응할 수 있도록 돕고 있다.

이 시스템은 특히 위성 이미지와 드론 기술을 활용해 숲의 변화를 관찰하는 데 탁월하다. AI는 수집된 데이터를 바탕으로 병해충의 확산 경로를 예측하고, 기후 변화로 인한 토양 황폐화를 사전에 경고하며 복구 계획을 제안한다. 최근에는 3D 모델링 기술을 통해 숲의 구조를 정확히 재현하고, 나무 밀도와 종 다양성을 분석하여 숲 관리의 효율성을 높이고 있다.

일본은 자연재해가 빈번한 국가다. 태풍, 산사태, 홍수 등은 숲 생태계뿐만 아니라 지역 주민의 삶에도 큰 위협을 가한다.

AI는 기후 데이터와 지형 정보를 기반으로 재해를 예측하고, 대처 방안을 제시하는 데 중요한 도구로 자리 잡고 있다. 예를 들어, 2022년 나가노 현에서는 AI가 산사태 위험 지역을 사전에 식별하고 주민들에게 경고를 발송했다.

이로 인해 대피가 신속히 이루어졌고, 인명 피해를 완전히 방지할 수 있었다. 또한, AI는 피해 지역의 토양 상태와 안정성을 분석하여 재해 발생 후 복구 작업을 지원하기도 한다.

유전자 조작 기술은 숲 복구 과정에서도 유용하게 활용되고 있다. 예컨대, 병충해에 강한 유전자 조작 삼나무와 편백나무는 최근 복구 작업에서 큰 성과를 거두었다. 2020년 쿠마모토 현에서 발생한 대규모 산사태 이후, 이 기술이 적용된 나무들이 토양 안정화와 생태계 회복에 기여했다.

특히, 유전자 조작을 통해 개발된 식물은 척박한 환경에서도 빠르게 자랄 수 있어 숲 복구에 드는 시간과 비용을 줄이는 데 크게 기여한다. AI는 이 과정에서 복구 지역의 최적 조건을 분석하고, 가장 적합한 식물 종과 심을 위치를 제안함으로써 복구의 성공률을 높이고 있다.

일본에서는 전통 신앙과 기술이 단순히 공존하는 것을 넘어 서로의 부족한 부분을 보완하며 조화를 이루는 방식을 통해 자연을 관리하고 있다. 특히, 숲을 신령의 거처로 여기는 전통적 관념과 AI 같은 첨단 기술이 결합해 만들어내는 새로운 접근법은 단순한 자연 보존을 넘어 인간과 자연의 관계를 재구성하는 데 큰 역할을 하고 있다.

대표적인 사례로 시즈오카 현의 미호노마쓰바라 숲을 들 수 있다. 이곳은 아름다운 소나무 군락지로 유명하며, 유네스코 세계문화유산에도 등재된 지역이다. 숲은 지역 신사와 깊은 연관이 있으며, 매년 숲을 신령에게 바치는 제사가 열리곤 한다. 과거에는 숲의 건강 상태를 사람들이 직접 관찰하고 관리하는 데 의존했으나, 최근에는 AI 기반 숲 관리 시스템이 도입되었다.

AI 시스템은 숲에 설치된 센서를 통해 온도, 습도, 병충해 발생 징후 등을 모니터링하며, 숲의 상태가 일정 기준을 벗어나면 경고를 보낸다. 예를 들어, 2023년 여름, 한 달간 강우량이 예년보다 30% 이상 감소했을 때, AI가 토양 습도 저하를 감지하고 지역 관리팀에 경고를 보냈다. 그 결과, 제때 물 공급과 관리가 이루어져 소나무 군락이 가뭄 피해를 면할 수 있었다.

이 과정에서 중요한 점은 AI의 데이터를 단순히 기술적인 수단으로만 여기는 것이 아니라, 전통 의식과 결합하여 활용한다는 것이다. 신사에서는 숲의 상태를 점검한 후 이를 신령에게 보고하는 의식을 새롭게 도입했다. 이러한 의식은 AI를 통해 수집된 정보를 신령과 공유하는 행위로 여겨지며, 주민들에게 기술이 신앙의 일환으로 받아들여지는 계기를 마련했다.

기술과 전통 신앙의 융합은 주민들의 적극적인 참여를 이끌어내는 데도 중요한 역할을 하고 있다. 가고시마 현의 한 지역에서는 AI와 드론을 활용한 숲 복구 프로젝트가 진행 중이다. 이 지역 주민들은 숲을 신령이 깃든 공간으로 여겨 소중히 여겨왔지만, 과거 태풍으로 인해 숲이 큰 피해를 입었다. 복구 작업 초기에는 주민들이 기술 도입에 대해 회의적인 태도를 보였

으나, 지역 신사가 프로젝트에 적극적으로 협력하면서 상황이 변화했다.

　지역 신사는 숲 복구 작업을 '신령에게 숲을 되돌려드리는 과정'으로 설명하며, AI와 드론이 신령의 뜻을 구현하는 도구로 해석했다. 이로 인해 주민들은 기술을 단순히 인간의 필요를 충족시키는 도구로만 보지 않고, 전통적인 가치와 연결된 신성한 요소로 받아들이게 되었다. 주민들은 복구 작업에 자발적으로 참여했으며, 드론이 심은 나무에 제를 올리는 새로운 의식도 탄생했다.

　이러한 전통 신앙과 기술의 융합은 단순히 특정 지역에 국한되지 않고, 새로운 생태계 관리 모델로 확장되고 있다. 미야기현의 한 산림 연구소는 AI를 활용한 숲 건강 분석 데이터와 함께 지역 신앙을 활용해 주민들과의 협력 모델을 구축했다. 연구소는 '숲의 소리 듣기'라는 프로젝트를 통해, AI가 수집한 데이터를 기반으로 숲에서 나는 자연의 소리를 분석해 숲의 건강 상태를 평가하고, 이를 신앙적 맥락에서 해석하는 활동을 진행하고 있다.

숲의 소리가 평소와 다를 경우 이를 신령의 경고로 여기는 해석이 주민들에게 큰 공감을 얻었으며, 이러한 정보는 숲 관리 계획에도 적극 반영되었다. 예컨대, 바람 소리나 새 소리의 변화를 분석해 나무의 병해충 피해 가능성을 사전에 파악하고 대처함으로써 숲의 건강을 유지할 수 있었다.

전통 신앙과 첨단 기술의 융합은 자연을 관리하고 보호하는 방식을 넘어, 인간과 자연의 관계를 새롭게 정의하는 데 기여하고 있다. 숲은 더 이상 단순히 인간의 관리 대상이 아니라, 신령과 기술, 인간이 함께 조화를 이루는 상징적인 공간으로 진화하고 있다. 이러한 접근법은 단순히 숲을 보존하는 데 그치지 않고, 지역 공동체의 정체성을 강화하며 지속 가능한 생태계 관리를 위한 새로운 비전을 제시한다.

기술과 신앙의 조화는 자연을 보호하는 새로운 시대의 열쇠이며, 이러한 모델은 일본뿐만 아니라 세계적으로도 큰 영감을 줄 수 있다.

AI와 유전자 조작 기술은 일본의 전통 신앙에서 강조하는 자연 존중의 가치를 현대적으로 재해석하며, 숲 보존과 재난 예방에 있어 강력한 도구로 자리 잡고 있다. 이 기술들은 단순히 문제를 해결하는 도구를 넘어, 인간과 자연, 그리고 신령이 조화를 이루는 새로운 가능성을 제시한다.

숲은 이제 단순한 생태적 자원에서 나아가, 기술과 신앙이 결합해 보호되는 '신들의 숲'으로 재탄생하고 있다. 예컨대, 2023년부터 운영 중인 '숲의 신령 프로젝트'는 AI와 유전자 조작 기술을 활용해 일본 각지의 숲을 복원하고 보존하는 데 기여하고 있다. 이 프로젝트는 단순한 환경 복원을 넘어 전통 신앙을 기술에 접목하여 지역 주민들에게 자연의 소중함을 다시금 깨닫게 하는 데 초점을 맞추고 있다. 2030년까지는 AI가 기후 변화 데이터를 기반으로 병충해 확산 경로와 토양 변화 패턴을 예측해 선제적으로 대응할 수 있을 것이다.

향후 10년 동안 AI와 유전자 조작 기술은 일본의 전통 신앙에서 강조하는 자연 존중의 가치를 현대적으로 재해석하며, 숲 보호와 재난 예방에 있어 핵심적인 역할을 할 것이다. 일본의 숲은 더 이상 단순한 생태적 자원이 아닌 기술과 신앙이 조화를 이루며 보호되는 '신들의 숲'으로 재탄생할 것이다.

이러한 모델은 일본에 국한되지 않고 전 세계적으로 지속 가능한 발전의 모범 사례로 확산될 수 있다.

자연의 신령과 AI가 함께하는 미래는
인간과 자연이 깊이 교감하며 살아가는
새로운 시대를 열어줄 것이다.

이우진(일본학과 1학년)

AI가 물길을 열다

2020년 8월, 서울 강남에 내린 기록적 폭우는 단 하루만에 수천억 원의 피해를 낳았다. 지하철이 멈추고 도로가 잠겼으며, 시민들은 무릎을 넘는 물길을 헤쳐 나가야만 했다. 이러한 풍경은 한두 번 본 게 아니다. 매년 여름, '이번엔 정말 역대급이다'라는 뉴스가 반복된다. 우리는 이미 이런 재난에 익숙해져 버렸다. 하지만 이런 일이 계속된다면, 단순히 익숙해지는 것으로 끝날 문제가 아니다. 왜 이런 일이 반복될까?

가장 큰 이유는 기후 변화다. 지구 온도가 상승하면서 극단적인 기상 현상이 더 자주, 더 강력하게 발생하고 있다. 과학자들은 지구 온도가 1.5도만 더 올라가도 폭우 같은 극단적인 기후 현상이 지금보다 50% 이상 증가할 것이라고 경고한다. 문제는 도시의 구조도 이런 재난을 키우는 원인 중 하나다. 도심 곳곳을 덮고 있는 콘크리트와 아스팔트가 빗물을 흡수하지 못하고 결국 고이게 만든다. 이렇게 도심은 거대한 물웅덩이로 변하고, 침수 피해는 점점 더 심각해진다. 그렇다면 해결책은 무엇일까? 바로 AI, 인공지능이다. 현재까지 AI는 홍수 예측과 관리에서 혁신적인 역할을 하고 있다. 인도와 방글라데시는 AI를 활용해 홍수 경고를 보내고 있다.

AI는 수집된 위성 이미지와 강수량 데이터를 바탕으로 특정 지역의 수위 변화를 예측한다. 예를 들어, AI 시스템이 강이 범람하기 6시간 전에 경고를 보내 사람들이 대피할 시간을 벌어주는 것이다. 반면, 국토의 3분의 1 이상이 해수면보다 낮아 수백 년간 홍수와의 싸움을 이어온 네덜란드의 경우, 최근 AI 기반 예측 시스템을 도입해 기존의 방재 인프라를 더욱 고도화하고 있다.

AI는 위성 이미지, 레이더 데이터, 강수량 예측 모델, 수문학 데이터를 실시간으로 수집한다. 이 데이터를 기반으로 특정 지역의 강우량과 하천 수위를 시뮬레이션하여 1시간~48시간 후의 침수 위험을 예측하고 경고를 보낸다. 이처럼 전 세계 곳곳에서 현재 AI를 활용하여 홍수를 추적, 예측하고 있다.

하지만 이런 기술만으로는 충분하지 않다. 미래에는 단순히 '예측'에 그치는 것이 아니라, 기록적인 홍수를 직접 관리하고 막는 기술이 필요하다. 그리고10년 후, AI는 이러한 역할을 맡게 될 것이다.

10년 후, 어느 여름 아침, 기상청이 "서울 전역에 한 시간에 120mm 이상의 폭우가 예상된다"는 긴급 경보를 발령한다. 강남, 서초, 송파 같은 저지대 지역은 물론, 일부 고지대도 위험 지역으로 포함된다. 하지만 시민들은 과거처럼 당황하거나 불안해하지 않는다. 이미 AI가 실시간으로 도시 전체의 방재 시스템을 가동했기 때문이다.

AI는 도시의 모든 강우 데이터, 지하수위, 하천 유량, 배수 시설의 용량을 분석하며 대응책을 준비한다. 첫 번째 단계는 주요 하천의 수문을 조정하는 것이다. 탄천과 양재천, 중랑천을 실시간으로 모니터링하던 AI는 상류에서 하류로 이어지는 수문의 개방 시점을 정밀하게 계산한다. 단순히 물을 내보내는 것에 그치지 않고, 하천의 각 구간별 용량과 유속을 최적화하여 물이 도시 외곽으로 자연스럽게 흘러가도록 유도하는 것이다.

다음으로, AI는 도심 곳곳의 스마트 지하 저류 시스템을 활성화한다. 서울 곳곳에 설치된 지하 저류지는 평소에는 도로와 연결된 배수 시설 역할을 하지만, 폭우가 내릴 때는 물을 임시로 보관하는 거대한 물탱크로 변한다. AI는 침수 위험이 높은 강남대로와 테헤란로 일대의 배수구를 우선적으로 열어 빗물을 흡수하고, 이 물을 지하로 분산시킨다. 단순히 물을 저류하는 데 그치지 않고, 저류지 내 수위와 유속을 조절해, 물이 한꺼번에 몰리는 일이 없도록 하는 것이다.

AI는 또한 투수성 도로와 인프라를 통합 관리한다. 폭우가 내리는 30분 뒤, 도로 표면에 물웅덩이가 하나 보이지 않는다. 평소 투수성이 없는 아스팔트 도로의 투수성 강화모드 덕분에 강남대로는 물을 스펀지처럼 흡수했고, 지하로 내려간 물은 AI가 조정한 배수 시스템을 따라 자연스럽게 흘러가고 있다.

강남역 부근은 특히 침수 위험이 높았던 지역이지만, AI는 주변 배수구를 우선 개방해 물길을 유도하고, 투수성 도로의 흡수량을 실시간으로 조절했다. 덕분에 도로 위 차량들은 평소처럼 서행없이 달리고, 시민들은 빗속에서도 발이 젖지 않고 이동할 수 있다.

배수 시설과 지하 저류 시스템이 충분히 작동하였기 때문에 홍수가 예상되었던 강남대로와 테헤란로는 침수되지 않았다. 강남역 지하상가도 안전하다. 빗물은 AI가 조정한 물길을 따라 자연스럽게 흘러갔고, 사람들은 아무 일도 없었던 것처럼 평소의 일상을 이어간다. 아무리 폭우가 쏟아져도 AI가 물길을 조정하고 재난을 관리할 수 있다. 단순히 물을 막는 것이 아니라, 물과 조화롭게 사는 도시를 만들어가는 것이다. 이런 미래는 가능한 것일까? 충분히 가능하다. AI는 기술적 측면에서 이미 많은 잠재력을 보여주고 있다.

하지만 이 기술이 현실이 되려면 지금부터 대비해야 한다. 현재 지금과 같은 속도로 온실가스가 배출되고, 도시가 방치된다면 미래는 훨씬 더 암울할 것이며 극단적인 폭우는 지금보다 더 빈번해지고, 단 몇 시간 만에 도시 전체가 물에 잠길 위험이 커질 것이다.

AI가 이런 재난을 막을 열쇠라는 점은 분명하지만, AI는 저절로 작동하지 않기 때문에 기술을 개발하고 도입하기 위한 투자, 법적·제도적 기반, 그리고 기후 변화 대응에 대한 사회적 공감대가 모두 필요하다. 기술은 준비되고 있지만, 이를 실제로 구현하는 건 우리의 몫이다.

조수민(건설환경공학과 4학년)

안경, 미래를 여는 창

상상해 보자. 사람들이 붐비는 거리 위를 걷고 있을 때, 눈앞의 AR 안경이 주변 식당의 평점, 메뉴 추천, 심지어 그 식당의 '대표 요리'까지 정확하게 보여준다고 한다. 이 모든 것은 단 한 번의 시선으로 가능하다. 이런 장면은 기술 혁신이 우리에게 선사하는 미래의 한 단면이다.

증강현실(AR) 기술은 우리가 현실 세계와 소통하는 방식을 빠르게 바꾸고 있으며, AR 안경은 이러한 기술 혁신의 선두에 서서 세계적인 기술 기업들이 치열하게 경쟁하는 중심에 있다. 엔터테인먼트, 의료, 교육, 산업에 이르기까지 AR 안경은 더 이상 '공상과학 영화 속 도구'가 아니라 현실로 다가오는 스마트한 도구로 자리 잡고 있다.

스마트폰과 비교하면 AR 안경은 더 이상 고개를 숙여 화면을 바라볼 필요 없이 '눈앞에 펼쳐진' 방식으로 가상 정보를 현실 세계에 자연스럽게 결합한다. 이는 장치의 물리적 한계를 넘는 중요한 진전이며, AR 안경이 스마트폰을 대체해 새로운 세대의 필수적인 '생활 파트너'가 될 수 있을지 궁금해진다.

상상해 보자. 외과 의사가 AR 안경을 착용했을 때 그들이 보는 것은 환자가 아니라 환자 내부의 3차원 장기 이미지다. 마이크로소프트의 HoloLens 2는 가상의 해부 모델을 환자의 몸에 실시간으로 겹쳐 보여주어 의사들이 마치 '透視 안경'을 쓰고 수술하는 것처럼 정확하게 병변 부위를 찾아낼 수 있게 한다. 이로써 수술의 정밀도가 높아지고 수술실에는 첨단 기술의 분위기가 감돌게 된다.

건축가들도 AR 안경을 손에서 놓지 못한다. 아직 건설되지 않은 가상의 건물을 실제 공사 현장 위에 겹쳐 보여주기 때문에 고객들은 상상력을 발휘할 필요 없이 미래의 건축물을 눈으로 직접 확인할 수 있다. 또한 건설 인부들이 AR 안경을 착용하면 건축 단계와 측량 데이터가 실시간으로 표시되어 공사과정이 더욱 직관적이고 효율적으로 진행된다.

일상생활에서도 AR 안경의 활용은 더욱 미래저이다. 예를 들어 슈퍼마켓에 들어가면 안경이 선반의 상품을 자동으로 인식해 최적의 식재료 조합을 추천하고, 원산지와 영양 성분까지 보여준다. 선택 장애가 있는 사람이라면 과거의 구매 이력을 분석해 '오늘 밤에 어울리는 와인 한 병'을 추천해 줄 수도 있다.

계산할 때도 스마트폰을 꺼낼 필요 없이 QR 코드를 보기만 하면 홍채 인식 기술이 알아서 결제를 완료한다. 더 이상 배터리가 꺼진 스마트폰이나 깜빡하고 두고 온 지갑 때문에 곤란해질 일이 없다.

상상해 보자. 당신이 해외여행 중 낯선 식당에 들어섰는데 메뉴판이 온통 외국어로 되어 있다. 하지만 AR 안경을 통해 번역된 내용을 모국어로 보고 음식의 생생한 이미지까지 확인할 수 있다. 게다가 '이 요리는 매콤한 편이니 맥주와 함께 드시면 좋습니다'라는 친절한 안내까지 제공된다.

서버가 외국어로 음식을 설명해도 걱정할 필요 없다. 실시간으로 번역된 자막이 눈앞에 나타나 마치 자막이 나오는 영화를 보듯 소통의 어려움을 말끔히 해결해 준다.

기존의 내비게이션은 사람들이 스마트폰 화면을 들여다보느라 고개를 숙이게 만들어 아름다운 풍경을 놓치게 하거나 가로등에 부딪히게 하기도 한다. 하지만 AR 안경은 길 안내를 눈앞에 바로 보여준다. 회전 방향, 신호등 알림, 심지어 '앞에 구덩이가 있습니다' 같은 세부 정보까지 한눈에 들어온다.

교통 체증에 걸려도 걱정하지 않아도 된다. AR 안경이 실시간 교통 데이터를 분석해 최적의 경로를 안내해 주기 때문이다.

미래에는 AR 안경이 메타버스의 입장권이 될 것이다. 안경을 쓰는 순간 가상의 회의실이 눈앞에 펼쳐지고 동료들이 홀로그램처럼 생생하게 나타난다. 회의가 끝난 후에는 가상의 카페에서 친구들과 만나 이야기를 나누고 게임을 즐기며 현실과 가상이 어우러진 세계에 완전히 몰입하게 될 것이다.

물론 AR 안경은 아직 완벽하지 않다. 무겁고 배터리 수명이 짧으며 가격이 비싸다는 한계가 있다. 하지만 과거의 스마트폰 역시 처음에는 무겁고 비쌌으며 지금처럼 가볍고 저렴하며 강력한 성능을 갖추기까지 오랜 시간이 걸렸다. 기술의 한계는 결국 극복될 것이다.

애플의 Vision Pro, 마이크로소프트의 HoloLens, 그리고 여러 기업들의 AR 기기들이 대중화되기 위해 한걸음씩 나아가고 있다. 머지않아 AR 안경이 더 가볍고 저렴해지면서 강력한 기능까지 갖춘다면, 지금의 스마트폰처럼 우리의 일상에서 없어서는 안 될 필수품이 될 것이다.

스마트폰이 우리의 삶을 완전히 바꾼 것처럼 AR안경은 그 자리를 차근차근 대체하고 있다. 정보와 현실이 완벽하게 결합되면서 우리의 삶은 더욱 스마트하고 편리하며 즐거워질 것이다. 수술실에서 공사 현장까지, 슈퍼마켓 쇼핑에서 해외여행까지, 가상 소통에서 일상적인 이동까지, AR안경은 우리가 세상을 경험하는 방식을 그 어느 때보다 혁신적으로 변화시키고 있다.

향후 10년, 당신이 AR 안경을 착용하게 된다면, 기억하자. 이것은 단순한 안경이 아니라 미래로 향하는 창이며, 현실과 가상이 어우러진 새로운 세계가 당신을 기다리고 있다.

두군(인공지능학과 1학년)

질주하는 미래, 새로운 감각

자동차는 더 이상 단순한 교통수단이 아니다. 기술 발전과 함께 자동차는 날개를 달 듯 진화하고 있다. 이제는 AI가 모든 것을 바꿔놓는다. 도로를 질주하는 금속 덩어리에서 우리의 일상과 감각을 모두 연결하는 혁신적인 공간으로 재탄생하고 있다. AI와 함께하는 자동차는 단순한 이동을 넘어 하나의 경험, 그리고 또 다른 세계로의 입장권이 되어준다.

차에 타는 순간부터 모든 것이 자동으로 조율된다. 당신의 표정과 몸 상태를 감지한 AI가 실내 온도와 조명, 음악을 조정한다. 피로하면 부드러운 라이트와 클래식 음악으로 긴장을 풀어주고, 스트레스를 받았을 때는 활기찬 분위기를 만들어준다.

자동차는 단순히 이동하는 도구가 아닌, 상황에 맞게 반응하는 작은 생명체처럼 움직인다. 더 나아가 AI는 날씨와 일정, 당신의 취향까지 실시간으로 반영해 완벽한 환경을 조성한다. 마치 나를 위해 모든 것을 알고 있는 개인 비서가 동승한 듯한 기분이 든다.

　자동차에 들어서는 순간 '경험'이 시작된다. 문을 열면 차량 내부가 사용자에게 맞게 맞춤화된다. 시트는 몸의 곡선을 기억하고 자연스럽게 맞춰지며, 온도는 사용자 선호에 따라 조절된다. 운전자가 아닌 동승자라면 차량 내부 공간은 소파처럼 넓게 늘어나 편안한 휴식 공간을 제공한다. 장거리 여행이 지루할 틈이 없다. 투명한 창은 증강현실 디스플레이로 바뀌어, 현실을 초월하는 풍경을 그려낸다. 사막을 달리는 도중에는 오아시스가 나타나고, 해변 도로에서는 파도가 차체 옆을 따라 흐르는 느낌이 들게 한다. 사용자에 따라 우주 여행, 열대우림 탐험 등 무한한 가상 경험을 제공하는 자동차는 이제 '움직이는 감각의 우주'다.

　AI는 단순히 운전만 하지 않는다. 자동차와의 대화도 일상이 된다. "오늘 좀 피곤한데"라고 말하면 AI는 알아서 목적지까지 가장 편안한 경로를 찾아주고, 이동 중 쉴 수 있도록 조명을 어둡게 조절하거나 마사지 시트 기능을 작동시킨다.
　차 안에서 "영화 한 편 틀어줘"라고 말하면 앞좌석이 스크린으로 바뀌며 몰입형 시네마가 펼쳐진다. 자동차는 이제 나만을 위한 개인화된 이동식 카페이자 영화관, 휴식처가 되어준다.

차체의 형태와 기능도 놀랍도록 유연해진다. 유동적인 소재 덕분에 차량은 필요에 따라 변신한다. 도심에선 작고 컴팩트하게 변해 좁은 골목과 주차 공간도 문제없다. 반면, 고속도로에서는 차체가 유선형으로 변해 공기 저항을 줄이고 효율성을 극대화한다. 자동차가 단순한 기계적 구조를 벗어나 살아있는 생물처럼 변하는 순간이다. 이제 자동차는 단순히 기능적인 혁신을 넘어서, 마치 숨 쉬는 생명체처럼 스스로 생각하고 변형하며 우리와 상호작용한다.

자동차는 경험을 넘어 감각을 깨우는 공간이 된다. 도로 위를 달리는 동안 음악과 진동, 냄새, 온도는 하나로 어우러져 다섯 가지 감각을 자극한다. 예를 들어, 해변으로 가는 여정에서는 창문을 열지 않아도 바다 냄새와 파도 소리가 내부를 가득 채우고, 차 안의 온도는 시원한 해변 바람을 그대로 재현한다. 눈을 감으면 그곳에 도착하기도 전에 이미 해변에 앉아있는 듯한 느낌이 든다. 자동차는 현실과 상상의 경계를 허물고 새로운 감각의 지평을 연다.

AI가 바꿔놓은 자동차는 또 하나의 '사회적 연결고리'다. 모든 차량은 하나의 거대한 네트워크로 연결되며, 실시간으로 정보를 교환한다. 정체를 피하고 가장 빠른 길을 찾는 것은 물론, 위험 상황이 감지되면 주변 차량과 즉시 소통해 사고를 미연에 방지한다. 자동차는 더 이상 고립된 공간이 아니라 도시와 사람, 그리고 기술이 연결된 또 하나의 커뮤니티다.

에너지는 미래 자동차의 핵심이다. 도로 위에서는 더 이상 주유소에 들를 필요가 없다. 도로 자체가 무선 충전소 역할을 하며, 주행 중에도 배터리는 자동으로 채워진다. 여기에 자동차끼리 에너지를 주고받는 기능이 더해지면서, 자동차는 단순한 소비자에서 에너지 생산자이자 분배자로 변모한다. 이동 중 도시의 공기를 정화하고 산소를 배출하는 자동차까지 등장하면, 우리는 자동차가 지구를 치유하는 새로운 방법도 얻게 된다.

기술과 감각이 결합한 미래 자동차는 결국 '나'를 중심으로 진화한다. 차에 타는 순간 모든 것이 나에게 맞춰지고, 나의 감정과 필요에 따라 반응한다. 창밖으로는 새로운 세계가 펼쳐지고, 차 안은 나만의 작은 우주가 된다. 이 모든 경험은 AI 덕분에 가능해졌다. AI는 자동차를 움직이는 기계에서 인간의 감각과 욕구를 채워주는 완벽한 동반자로 재탄생시켰다.

미래 자동차는 더 이상 정적인 물체가 아니다. 마치 변형 로봇처럼 필요에 따라 변신하며 상황에 대응한다. 도심에서는 작게 접혀 주차가 쉬워지고, 캠핑 여행에서는 거대한 거주 공간으로 확장된다. AI가 이를 가능하게 하며, 차는 인간의 상상력을 현실로 만들어낸다. '트랜스포머'처럼 유연하게 변하는 자동차는 그 자체로 하나의 혁신이며, 우리의 삶을 더욱 다채롭고 풍요롭게 만든다.

자동차의 미래는 곧 인간의 미래다. AI가 이끄는 변화는 우리가 상상하는 그 이상으로 나아갈 것이다. 이제 자동차는 더 이상 그저 '타고 가는' 것이 아니다. 자동차와 함께 감각을 깨우고, 새로운 세계를 경험하며, 어디서나 나 자신을 찾을 수 있게 된다. 이 모든 것이 담긴 미래의 자동차, 이제 상상의 한계를 뛰어넘는다.

남송문(디자인테크놀로지전공 4학년)

CHAPTER

03

인간이 되고 싶은 로봇

채희수
이시훈
이수현
김연곤
장유경
장은빈
권민영
박원준
백지성
왕심원
유천기

컷, 나사 좀 조이고 갈게요!

예술은 기술과 함께 성장해왔다. 그림에서 사진으로, 아날로그 필름에서 디지털로의 전환처럼, 기술은 창작자들에게 새로운 가능성을 열어주었다. 영화 제작 역시 이 변화의 중심에 있으며, 현대 기술의 발전 속도는 예술의 판도를 빠르게 바꾸고 있다.

영화 분야에서 기술의 발전은 단순히 제작 환경을 바꾸는 것에 그치지 않고, 창작자들의 상상력을 더욱 풍부하게 만들었다. 2024년 현재, 디지털 촬영과 CGI는 현실을 넘어선 비주얼을 구현해냈고, 드론과 스태빌라이저는 이전보다 더 역동적이고 부드러운 카메라 무빙을 가능하게 했다. 배우의 안전을 위해 모션캡처와 특수효과도 정교해졌으며, 이제 배우들은 초록색 스크린 앞에서 괴물과 싸우는 척, 폭발에서 도망치는 척 감정을 몰입하는 일이 당연한 풍경이 되었다.

그렇다면 2034년의 영화 제작은 어떤 모습일까? 특히 기술이 비약적으로 발전한 상황에서 액션 영화를 만든다고 가정해 보자. 뇌-인터페이스 기술, AI 배우, 로봇 스태프와 같은 개념들이 중심이 되어 제작 전반을 재구성하게 될 것이다. 그 속에 감독이자 창작자로써 우리는 무얼할 수 있을까?

2034년의 프리프로덕션 단계는 지금과는 비교도 안 될 만큼 직관적이면서 효율적으로 바뀔 것이다. 뇌-인터페이스 기술 덕분에 감독은 머릿속에 떠오른 장면을 그대로 시스템에 연결해 시각화할 수 있다. 주인공이 빌딩 옥상에서 뛰어내리며 폭발을 배경으로 착지하는 장면을 상상하는 순간, 화면에는 이미 완성된 시뮬레이션이 펼쳐진다. 펜과 종이를 들고 한 컷 한 컷을 고민하던 스토리보드 작업은 이제 과거의 유물이 될지도 모른다.

그렇게 감독은 불필요한 노동을 줄이고, 더 큰 상상력에 집중할 수 있게 된다. 하지만 자유로워진 상상력은 때때로 통제가 필요한 법이다. 감독이 "여기서 폭발이 더 커야지!"라고 생각하는 순간, 시스템은 화면속 가상건물 전체를 폭발시키며 박살낸다. 그러면 감독은 다급하게 "아니야, 이건 너무 과해!"라며 급히 생각을 수정하는 진풍경이 벌어질 것이다.

AI 시스템은 시각적 스타일과 톤의 최적화까지 책임진다.

"강렬하면서도 서정적인 액션 씬"이라는 주문을 입력하면, AI는 색감과 조명, 카메라 무빙까지 수십 가지 옵션을 제시한다. 하지만 예술이란 '최적화'라는 말과는 늘 거리가 먼 법이다. AI가 내놓은 완벽한 구도를 보며 감독은 잠시 망설일지도 모른다.

"너무 완벽하면 재미없잖아. 조금만 더 어긋나게 가자."라며 말이다.

촬영이 시작되면 로봇 스턴트맨이 바빠진다. 인간 배우들이 감히 도전할 수 없는 위험한 장면을 로봇이 완벽하게 소화한다. 건물에서 낙하하고, 자동차에 부딪히고, 심지어는 폭발 속에서 회전하며 착지하는 장면까지도 로봇은 단 한 번의 실패도 없이 해낸다. 하지만 이 완벽함이 가끔은 문제를 일으킬 수도 있다. 감독이 "조금 자연스럽게 넘어지라고 했잖아!"라고 주문하면, 로봇은 단호하게 "자연스러운 오류를 계산중 입니다."라고 답한다. 로봇의 철저함과 인간 감독의 요구 사이에는 때때로 미묘한 긴장감이 흐르는 것이다.

그렇다고 인간 배우의 역할이 사라지는 것은 아니다. 감정 연기가 중요한 장면에서는 여전히 인간 배우가 중심에 선다. AI 배우는 눈물의 흐름과 미세한 표정까지 정확히 계산해서 연기하지만, 그것은 어디까지나 '계산된 감정'일 뿐이다. 관객이 공감하는 순간은 배우의 예상치 못한 실수나 우연한 감정에서 만들어지기 때문이다. 감독은 AI 배우를 보며 이렇게 말할지도 모른다. "너도 가끔은 실수 좀 해봐."

이런 기술적 변화 속에서 과거처럼 배우가 위험한 액션 장면을 직접 소화하며 주목을 받는 일은 사라질 것이다. 더 이상 "그 배우가 진짜로 저 장면을 소화했나?"라는 논란이 필요 없기 때문이다. 대신 새로운 유머가 등장할지도 모른다. "이번 영화의 진짜 주연은 로봇 스턴트맨 아니야?"라는 농담이 촬영장에 퍼지는 것이다.

후반 작업 단계에서는 AI 시스템이 또 한 번 놀라운 속도를 보여준다. AI는 촬영된 모든 장면을 분석하고 관객의 몰입도를 고려해 편집본을 제안한다. 예를 들어, AI는 "폭발 장면의 길이를 0.7초 줄이는 것이 관객의 집중력을 유지하는 데 최적입니다"라고 조언한다. 하지만 감독은 여기서 한 번 더 고민하게 될 것이다. AI의 '최적화'가 언제나 감동을 보장하는 것은 아니기 때문이다. 감독은 편집본을 보며 이렇게 말할 것이다. "아냐, 그 0.7초가 관객의 심장을 조여야 하는 순간이란 말이야." 기술이 만들어내는 정답과 인간이 느끼는 감각 사이에서 균형을 찾는 것이 여전히 창작자의 몫이기 때문이다.

함께 생각해보니 눈치챘겠지만 기술이 아무리 정교해지고 완벽해져도 영화는 여전히 사람이 만든 이야기다. 관객이 스크린을 보며 웃고, 울고, 긴장하는 순간은 결국 인간의 감정에서 비롯된다. 로봇이 뛰어내리는 장면은 화려하고 멋질 수 있지만, 배우의 불안한 눈빛과 그 작은 흔들림이 만들어내는 공감은 기술이 대신할 수 없다.

그래서 2034년의 영화 제작 현장은 기술과 인간이 공존하며 끊임없이 조율하는 공간이 될 것이다. 뇌-인터페이스가 상상하는 대로 장면을 만들어내고, 로봇 스태프와 AI 배우가 효율적이고 안전한 현장을 책임지지만, 영화의 본질은 여전히 인간의 이야기와 감정에 있다. 기술은 도구일 뿐, 그 도구를 어떻게 사용할지는 여전히 창작자의 손끝에 달려 있다.

기술이 발전할수록 인간의 흔들림은 더욱 가치있게 빛난다. 그러니 촬영이 끝난 뒤에도 감독은 여전히 외칠 것이다.

"컷, 나사 좀 조이고 갈게요!"

채희수(영상디자인학과 2학년)

2034 넷플릭스, 당신의 이야기가 시작된다

2034년, 생성형 AI와 몰입형 VR(가상현실)의 등장으로 영화계는 격변을 맞이한다. 영상을 생성하는 Open AI의 SORA와 같은 영상 생성형 AI는 당신의 넷플릭스 시청 기록, SNS 활동, 독서 취향까지 분석해서 당신이 직접 이야기를 선택할 수 있는 인터랙티브 영화를 창조해 낸다.

생각으로 컴퓨터를 사용하는 뉴럴 링크, 인간의 뇌로 컴퓨터를 제작하는 바이오 컴퓨터 등 인간의 뇌를 다루는 기술은 더욱 진보하여, 맛, 냄새, 촉감, 소리, 시각 등 인간의 감각을 충실히 재현한 가상세계를 만든다. 마치 매트릭스처럼, 현실 같은 경험을 할 수 있는 VR을 통해 생생한 몰입감을 제공하는 것이다. 2034년의 여느 일상은 다음과 같다.

모처럼의 휴일이다. 당신은 가상현실기기를 착용하고, 가상

세계에 뛰어든다. 따뜻한 커피를 마시며 볼 VR 영화를 둘러보는데, 눈에 차는 게 영 없다. 20세기 영화계는 자신을 만족시킬 거장을 배출하지 못한 것인가 따위의 시답잖은 생각을 뒤로하고, 새로운 인터랙티브 영화 '반지를 주웠는데 너무 강함'을 재생한다.

"오늘은 평범한 회사원 지수가 우연히 발견한 신비한 반지로 인해 초능력을 얻게 되는 이야기를 시작해 볼까요?"

첫 번째 선택지가 나타난다.

A. (기업경영물) 반지의 힘으로 주식 시장을 예측한다.

B. (미스터리 수사물) 범죄 현장의 과거를 읽어내 사건을 해결한다.

C. (힐링물) 사람들의 마음을 읽어 저명한 심리치료사로 이름을 얻는다

당신이 B를 선택하자, 이야기는 미스터리 스릴러로 전개된다. 주인공 지수가 우연찮게 절도 사건에 휘말리게 되고, 반지를 통해 범죄 현장의 과거를 읽어 범인을 특정해낸다. 범인을 입증할 단서를 찾은 지수가 경찰서에 들어서는 장면에서, 그녀가 메고 있는 버건디 컬러 크로스백이 눈에 들어온다. 과거에는 일일히 검색해서 찾아야 했을테지만, 당신은 영화를 잠시 멈추고, AI를 호출한 후 가방을 터치한다. AI가 당신의 키, 체형, 평

소 스타일을 분석해 최적의 사이즈와 컬러를 추천해 준다. 여기서 그치지 않고, AI는 가상 공간이라는 것을 확인하여 당신의 체형과 똑같은 아바타를 구성해 제품과 함께 보여준다.

"버건디 컬러보다는 네이비가 고객님의 평소 스타일과 더 잘 어울릴 것 같아요. 아바타를 구성해 실제 착용 모습을 확인해 보시겠어요?"

여기서 끝이 아니다. 당신이 원한다면, 가방의 디자인을 기반으로 AI가 직접 가방을 변형시켜서 여러 가지 변형품을 보여주고, 마음에 드는 디자인을 선택할 수 있다. 선택된 디자인은 관련 업체로 보내져 가격이 책정되고, 구매 가능한 제품으로 변경되어 AI가 표시해준다. 영화 속 소품을 현실에 직접 가져올 수 있는 것이다. 그것도 당신의 취향에 가장 알맞은 형태로. 음, 가방이 마음에 들긴 하지만 영화의 다음 내용이 궁금하니 잠시 미뤄두고, 다시 영화로 돌아가 지수가 마주한 미스터리한 사건의 실마리를 찾아보자.

멈췄던 영화를 재생한 당신은, 영화에 집중하기 시작한다. 지수는 절도 사건을 해결한 뒤에, 또 다른 사건에 휘말린다. 그녀는 평소 자신을 챙겨주던 같은 아파트 이웃인 김씨 아주머니가 자살했다는 소식을 듣는다. 이야기를 듣자마자 곧장 아주머

니의 집으로 달려간 지수는 자신을 말리는 경찰과 실랑이를 벌이다가, 반지의 힘으로 과거를 엿보게 된다. 누군가가 아주머니를 살해하는 과거의 장면을 마주한 지수의 경악과 슬픔, 공포를, VR 기기는 생생히 당신에게 전달한다. 특히, 범인의 꼬리를 잡은 지수가 범인에게 쫓기는 장면에서 그녀의 호흡, 긴장감, 뜀박질 등이 당신을 더욱 몰입시킨다.

어찌저찌 범인에게서 도망친 지수가 결정적인 증거를 찾으려 범인의 집에 다시 잠입해 자물쇠로 잠긴 서랍을 열고, 수상한 다이어리를 발견한다. 그때, 당신은 영화를 멈춘다.
"이런 평범한 다이어리 말고, 좀 더 특별한 걸로 바꿔볼까? 증거가 너무 평범해."

지수는 영화에서 잠시 빠져나와, 가상 작업 공간에 진입한다. 당신은 AI를 호출해서, 다이어리를 대체할만한 물건을 디자인할 것을 요청한다. 일반적인 다이어리가 아니라, 오래된 가죽 표지에 비밀 암호가 새겨진 다이어리는 어떨까? 아니면 홀로그램 메시지가 숨겨진 휴대용 프로젝터? 비밀번호가 걸린 구식의 휴대전화도 좋겠다. AI는 비슷한 디자인의 물건들을 찾고 변형시켜 여러 물건들의 도면을 생성해낸다. 당신은 그 중에서 가장 마음에 드는 것을 선택하고, 영화로 돌아온다.

이제부터 특정 선택지에 따라 그 물건이 영화 속에 자연스럽게 등장하게 된다. 스토리는 완전히 새로운 방향으로 흘러가고, 주인공은 당신이 만든 특별한 증거물 속 비밀 암호를 풀어가며 더 흥미진진한 미스터리를 마주하게 될 것이다. 아까의 버건디 가방과는 반대로, 이번엔 현실 속 소품을 영화에 담아내는 것이다. 이렇게 관객이 직접 영화 속 소품을 디자인하고, 그것이 스토리에 영향을 미치는 완전히 새로운 형태의 인터랙티브 영화는 기존의 영화와는 차원이 다른 방식으로 관객에게 즐거움을 선사할 수 있다.

점점 이야기에 빠져들다 보니 영화가 어느새 다 끝났다. 당신이 아쉬운 마음을 곱씹고 있는데, 혼자만 보기엔 너무 수준이 높다는 생각이 든다. 문득 저번에 스치듯 본 기사 제목이 생각난다.

"당신만의 굿즈들을 모델링 마켓에 올려보세요."

당신은 자신이 AI를 활용해 디자인한 다양한 물건들을 'VR 모델링 마켓'에 상품으로 등록한다. 다른 사람들은 당신이 만든 특별한 다이어리나 홀로그램 프로젝터를 자신들의 영화에서 사용할 수 있고, 당신은 이것을 비즈니스로 삼아 수익도 창출할 수 있다. 더 나아가서, 당신이 만든 이야기 전체를 하나의 '시나리오 템플릿'으로 만들어 판매할 수도 있다. 사람들은 당신이 만든 기본 스토리를 바탕으로 자신만의 변주를 더한다. 마치 레고 블록처럼, 기존의 이야기에 새로운 블록을 더해 전혀 다른 모양의 이야기를 만들어내는 것이다. 당신은 이제 소비자와 생산자의 영역을 자유롭게 넘나들게 된다.

물론 이런 신기한 미래가 장밋빛이기만 한 건 아니다. 영화 속 아이템을 현실로 가져오거나 내 아이디어를 영화에 넣는 과정에서 저작권 문제가 발생할 수도 있다. AI가 내 독서 취향, 넷플릭스 기록, 체형, 키 등 너무 많은 개인정보를 수집하는 것도 걱정이고, 가상현실에 너무 매몰되어 매트릭스의 파란 약을 먹은 것처럼 현실을 내버려 두고 도피하는 문제도 발생할 수 있다. 블록체인 기술을 활용해 디지털 창작물의 권리를 강화하고, AI는 사용자 프라이버시와 건강에 대한 기밀 유지를 최우선으로 생각하게끔 개발해야 한다.

2034년의 엔터테인먼트는 더 이상 일방적인 소비의 대상이 아니다. 당신의 상상력이 곧 콘텐츠가 되고, 그 콘텐츠는 다시 누군가의 영감이 되어 끝없이 이어진다. 마치 우주가 끝없이 팽

창하듯이. 디지털 마켓에는 매일 수천 개의 새로운 버전이 올라온다. 누군가는 반지 대신 목걸이를 등장시키고, 또 다른 누군가는 초능력 대신 타임머신을 선택한다. 심지어 어떤 이는 전개가 마음에 들지 않는다며 중간부터 스토리를 바꿔 새로운 전개를 만들어낸다. 그리고 그 모든 버전이 또 다른 누군가에게 새로운 영감이 된다.

AI와 VR은 이 과정에서 우리의 상상력을 현실로 구현해주는 든든한 조력자가 되어줄 것이다. 하지만 잊지 말자. 불은 인류 역사상 가장 위대한 도구이었지만, 그것을 발견하고 다루는 방법을 터득한 건 결국 인간이었다. AI도 마찬가지다. 아무리 뛰어난 도구라 해도, 그것은 어디까지나 도구일 뿐이다.

진정한 창작의 시작은 언제나 인간의 발상에서 비롯된다.

자, 이제 당신의 차례다.
어떤 이야기를
들려주고 싶은가?

이시훈(정보사회미디어학과 1학년)

영화, 더 이상 관람이 아니다

　누군가는 영화를 이렇게 생각할 수도 있다. 2시간이라는 시간 동안 한 자리에 가만히 앉아 화면만 보고 있는 게 무슨 의미가 있을까? 꼭 취미가 생산적이어야 한다는 말은 아니지만 글같은 경우엔 읽는 사람에 따라 인물의 모습이나 목소리, 배경 같은 걸 자유롭게 상상할 수 있고, 게임은 하는 사람에 따라 결과가 다르게 나오기라도 하지만 영화는 감상평을 따로 남기지 않는 한 누가 보든 별 다를 게 없다.

　쉽게 말해, 참여하는 과정에 '나' 라는 존재가 크게 배제된다는 것이다. 단순히 영화를 보는 것만으로 끝나는 게 아니라 내가 참여하고 있다는 느낌이 들 순 없을까? 내가 영화의 결말에 영향을 줄 수 있다면? 내가 영화 속 인물 중 한 사람이 될 수 있다면? 영화에서 AI라면 당연히 제작 과정이 먼저 떠오르지, 상영은 아직 멀었을지 모른다.

하지만 10년 뒤에는 어떨까? AI가 상영방식까지 뒤집어놓을 날이 올지도 모른다. 영화 감상이 단순한 관람을 넘어 하나의 경험으로 변하는 모습을 기대해보자.

물론, 모든 영화가 가만히 보고만 있는 상영 형식인 건 아니다. 미리 여러 결말을 만들어두고 관객이 선택지를 고르면 그 선택지에 따라 다른 결말을 보여주는 인터랙티브 영화는 영화의 진행에 내가 직접 영향을 줄 수 있다. 하지만 아직까지는 특정 OTT에서 관객이 리모컨이나 터치스크린으로 선택지를 눌러야 다음 장면으로 넘어가는 방식으로, 버튼 없이 실시간으로 선택지를 제시하는 경우는 없다.

꼭 눌러야만 다음 스토리로 진행된다는 점에서 현재 인터랙티브 영화의 상영 방식은 영화라기 보단 게임이라는 느낌이다. 영화를 관람한다는 느낌이 드는 동시에 개개인이 영화 진행 도중에 직접 영향을 주게 하려면 이 인터랙티브 영화 상영의 방식을 조금 바꿀 필요가 있다. AI의 도움을 받아 특정 장면에서 관객이 박수를 치거나 비명을 지르는 등 소리가 동반하는 행동을 했을 때 실시간으로 관객의 반응을 인식해 따로 버튼을 누르지 않고도 선택지로 나아가게 하는 것이다. 그렇게 되면 따로 선택지를 누르기 위해 몰입이 깨지는 상황이 오지도 않을 것이고, 영화 관람을 하는 느낌을 받으며 자연스럽게 스토리 진행에 내가 직접 영향을 줄 수 있게 되는 것이다. 예를 들면, '타이타닉'에서 배가 침몰되어 잭과 로즈가 바다 위 판자 하나에만 의존해야 할 때, 관객이 소리를 내어 '여기에 남은 판자가 있다.'고 말한다면 잭도 새로운 판자 위로 올라가 살아남을 수 있게 될 것이다. 여기서 끝이 아니다. 현재 인터랙티브 영화의 정의는 '선택지에 따라 엔딩이 바뀌는 영화'이지만, 10년 뒤엔 그 의미가 좀 더 넓어질지도 모른다. 'Interactive(인터랙티브)'는 '상호작용을 하는' 이라는 뜻을 갖고 있다. 상호작용을 하고 있는 상태가 가장 눈에 잘 보이는 형태는 '대화'를 하는 것이다.

미래엔 영화와 관객이 서로 대화를 하는 게 가능해지지 않을까? 물론 커다란 이야기의 흐름을 완전히 거스르는 방식으론 흘러가지 않겠지만, 예를 들어 주인공이 다수에게 비난을 받고 있는 상황에서 관객이 주변 인물들에 동조하며 거친 말을 뱉는다면 주인공이 그 말에 반응해 억울한 대사를 치는 것이다. 이런 식으로 10년 뒤엔 영화가 우리에게 일방적으로 메시지를 보내는 게 아니라 서로 대화를 하는 형태로 변하게 되지 않을까?
또 다르게 바뀌는 영화의 상영 방식은 뭐가 있을까? 당장 독특한 영화 상영 방식이라 하면 대부분의 사람들이 4D 영화를 떠올릴 것이다. 4D 영화의 현재 상영 방식은 의자가 움직이거나 바람을 쏘고 향기를 풍기는 등, 조금 제한적인 형태로 머물러 있다. 보편적이진 않지만 시각, 청각뿐만 아니라 후각, 촉각, 환경적 요인까지 영화에 나오는 것과 같은 경험을 할 수 있고, 심지어 해외에선 4D와 VR을 결합해 영화를 완전히 '경험'하게 하려는 시도까지 하고 있다.

하지만 그 어디에도 미각을 느끼게 하려는 시도는 보이지 않는다. 물론, 아직까진 기술이 그만큼 발전하지 않았기 때문에 현재는 상상에서 머무는 수밖에 없지만, 10년 뒤라면 미각까지 동원해 진정으로 영화를 '경험'할 수 있을 것이다. 우선 혀에 미각 자극 장치를 스티커의 형태로 붙인다고 가정할 때, 혀의 미뢰를 자극하는 전기 자극 기술이 가장 중요한 역할을 할 게 틀림없다. 스티커는 인체에 무해하지 않고 위생적으로 유지할 수 있는 소재를 사용해야 하고, 그 외에도 다양하고 섬세한 기술들이 필요하기 때문에 현 상황에선 미각 구현화가 불가능하다. 하지만 그런 문제들을 모두 해결하고 영화에 나온 음식의 맛까지 느낄 수 있게 된다면 그거야말로 영화를 '경험'하는 게 아닐까? '미드소마'는 밝은 마을 사람들과 대비되게 어딘가 기묘하고 불쾌한 분위기에서 진행되는 영화이다. 영화의 중반에 마을 사람들이 손님들을 저녁식사에 초대하는 장면이 있는데, 화려한 만찬 도중 이상하게 긴장감이 맴돈다. 이 때 영화 속 음식의 맛을 동시에 느끼게 된다면 마을 사람들과 함께 식사를 하고 있다는 느낌이 들어 주인공의 불안한 심리에 더 깊게 공감할 수 있을 것이다.

물론, 이런 기술의 발전이 좋은 영향만 갖고 오는 건 아니다. 위와 같은 기술들과 동반되는 가장 큰 문제는 역시 개인정보 보호에 관한 것이다. 관객의 소리나 표정을 실시간으로 분석하려면 카메라, 마이크를 사용해야 하는데 이 과정에서 개인정보가 유출되거나 악용될 위험이 있다. 다음으로는 편향과 차별의 문제이다. AI가 관객 개개인과 관련한 문화적 차이나 언어적 특성을 반영하지 못해 특정 집단에 차별적인 내용을 보여줄지도 모른다.

이런 문제들을 외면하지 않고, 데이터는 다양하게 수집하고 처리는 투명하게 해야 하며 관객의 동의를 명확히 받아야 한다. AI 기술의 발전이 혁신적인 상영 방식을 제공할 순 있지만, 이를 위해선 기술적 도전뿐만 아니라 윤리적인 책임도 함께 고민하고 해결하는 자세가 필요하다.

10년 뒤에는 잭이 죽어서 너무 슬펐다, 그 식사 장면에 무슨 의미가 있는 거냐, 같은 이야기에서 그치지 않고 내가 소리를 치니까 잭과 로즈가 서로 판자 위에 번갈아 올라가서 둘 다 살더라, 그 음식 맛이 미묘하게 이상하지 않았냐, 이것도 설마 복선이었을까? 같은 식으로 좀 더 깊이 영화를 이해하게 될 수 있을 것이다.

AI가 상영 방식에 가져올 변화는 단순히 영화를 보는 방식을 넘어서 우리가 이야기를 경험하고 느끼는 방식을 재정의할 것이다. 관객과 영화가 더 깊이 교감하는 시대, 모든 감각이 열리고 스크린을 넘어선 체험이 가능한 시대를 기대해보자.

이수현(일본학과 1학년)

손끝으로 만지고 선택하라!

광고는 우리 삶 곳곳에 자리 잡고 있다. 텔레비전과 유튜브 속 눈길을 끄는 영상 광고, 라디오에서 흘러나오는 매력적인 음성 메시지, 신문과 잡지에 가득 찬 화려한 인쇄물 광고, 거리의 전광판과 버스 정류장의 옥외 광고, 심지어 제품을 직접 체험할 수 있는 팝업스토어까지.

이 모든 형태의 광고는 기업과 소비자를 연결하고 제품과 서비스를 소개하며, 소비자의 구매 결정을 돕는 데 중요한 역할을 해왔다. 그러나 세상은 빠르게 변하고 있으며, 광고의 형식도 점점 더 혁신적으로 변하고 있다. 그 중심에는 인공지능(AI)과 미래 기술이 자리 잡고 있다.

10년 후의 세상은 지금보다 훨씬 더 개인화된 세상이 될 것이다. AI와 홀로그램 기술의 발전은 광고의 새로운 장을 열 것이다. 예를 들어, 당신이 집에서 커피를 마시고 있을 때, AI가 당신의 취향에 맞춘 맞춤형 광고를 홀로그램으로 제공한다고 상상해 보자. 한쪽 테이블 위에 실물 크기의 신발이 홀로그램으로 나타나고, 당신은 손을 뻗어 직접 그 신발을 회전시켜 보거나, 원하는 색상을 바꿔볼 수 있다. 더 나아가 AI는 당신의 발 크기와 체형 데이터를 기반으로 신발을 가상으로 신어 보는 경험까지 제공할 수 있다. 이 기술은 단순히 보는 광고를 넘어 체험형 광고로의 전환을 의미한다. 소비자는 광고를 단순히 시청하거나 읽는 것이 아니라 직접 체험함으로써 제품에 대한 생생한 인상을 받을 수 있다.

또 다른 예로, 새로운 자동차 모델을 홀로그램으로 만나볼 수 있다. 거실 바닥에 실물 크기의 자동차가 나타나고, 문을 열어 내부를 살펴보거나 원하는 색상과 휠 디자인을 변경해 볼 수 있다. 심지어 홀로그램 기술과 AI가 결합해 차량의 성능을 간접적으로 체험할 수 있는 가상 주행 모드까지 제공할 수 있다.

고객은 집을 떠나지 않고도 매장에 방문한 것 같은 경험을 누릴 수 있는 것이다. 화장품 브랜드가 제공할 수 있는 홀로그램 광고도 흥미롭다. 예를 들어, 고객이 거울 앞에 서면 홀로그램이 등장해 다양한 립스틱 색상을 즉석에서 가상으로 발라볼 수 있게 도와준다. 피부톤에 맞춘 색상 추천도 AI가 함께 제공하며, 고객은 이 모든 체험을 거실에서 편안히 즐길 수 있다.

이전에는 소비자가 제품을 체험하기 위해 매장을 방문하거나 팝업스토어로 직접 이동해야 했다. 하지만 홀로그램 광고는 공간의 제약을 없앤다. 당신의 거실, 사무실, 심지어 공원 벤치에서조차 이 광고를 접할 수 있다. 명품 가방 브랜드가 고객에게 홀로그램 광고를 선보인다고 상상해 보자. 고객은 자신의 집에서 가방의 질감을 확인하고, 크기를 비교하며, 가방을 다양한 코디에 적용해볼 수 있다. 이런 방식은 단순히 정보를 제공하는 차원을 넘어 고객과 깊은 정서적 연결을 만들어낸다.

광고를 기획하고 제작하는 사람들은 기술을 배우고 활용할 수 있는 역량을 키워야 한다. AI와 홀로그램 기술은 단순한 트렌드가 아니라 필수가 될 것이다. 이는 소비자들이 점점 더 개인화된 경험을 기대하기 때문이다. 과거에는 동일한 메시지를 대중에게 전달하는 방식이 주류였다면, 이제는 소비자가 원하는 것을 그들이 선호하는 방식으로 제공하는 맞춤형 접근이 중요해졌다. AI와 같은 기술은 이러한 개인화된 경험을 가능하게 하며, 홀로그램 기술은 소비자에게 단순히 정보를 전달하는 것을 넘어 제품과 브랜드를 실제처럼 느끼게 하는 체험을 제공한다. 결국, 기술을 활용하지 못하는 광고는 경쟁력을 잃고, 소비자의 관심 밖으로 밀려날 가능성이 크다. 데이터를 다룰 줄 아는 능력도 필수적이다. 광고는 언제나 데이터를 기반으로 의사결정을 내려왔지만, 미래에는 데이터의 중요성이 한층 더 부각될 것이다. 특히 빅데이터의 발달로 데이터 간 연결이 다각화되고, 단순히 개별 데이터를 활용하는 것을 넘어 데이터의 상호작용과 맥락을 분석하는 능력이 중요해졌다.

기획자는 데이터를 수집하고 정리하는 단계를 넘어, 이를 통합적으로 분석하고 소비자 행동을 예측할 수 있는 역량을 갖춰야 한다. 이러한 능력은 광고가 소비자의 관심을 끌고 유지하는데 결정적인 역할을 하며, 데이터를 제대로 활용하지 못하면 경쟁에서 뒤처질 수밖에 없다.

데이터는 기술과 결합하여 광고의 개인화와 정교함을 좌우하는 핵심 도구로 자리 잡을 것이기 때문이다. 그리고 기술 발전에 따른 윤리적 책임감도 중요하다. AI와 데이터 기반 광고는 소비자의 개인 정보를 다룰 수밖에 없으며, 이를 잘못 관리하면 소비자의 신뢰를 잃게 될 위험이 크다. 윤리적 원칙을 준수하지 않는 광고는 단기적으로는 성공할지 몰라도, 장기적으로는 브랜드의 명성을 훼손할 가능성이 높다. 기획자는 투명성과 책임감을 바탕으로 소비자에게 신뢰를 줄 수 있는 광고를 제작해야 한다. 신뢰는 단순한 마케팅 도구가 아니라, 미래 광고의 지속 가능성을 보장하는 가장 강력한 자산이다.

광고의 미래는 단순한 상상이 아니다. AI와 홀로그램 기술은 이미 빠르게 상용화되고 있으며, 곧 우리의 일상이 될 것이다. 기업은 소비자에게 더욱 매력적이고 혁신적인 경험을 제공하기 위해 이러한 기술을 적극적으로 도입하고 있다. 광고의 미래는 이미 시작되었고, 이제 그 가능성을 실현할 주체는 당신이다.

김연곤(광고홍보학과 1학년)

언론, AI가 대체할 수 있을까?

1학년 전공수업에서 교수님이 우리에게 해주신 말씀은 "이제 기자라는 직업은 GPT가 기사를 쓸 수 있게 되며 사라질 직업이 될 수도 있다"였다. 이 무슨 절망적인 소리인가. 물론 아직까지 AI는 인간을 대체할 수 없다고 생각한다. 사실 그렇게 믿고 싶다. 하지만 10년 후 언젠가 AI가 언론을 장악하는 것이 가능할 미래가 온다면 우리는 어떻게 대처해야 우리의 자리는 지키되, AI의 능력을 이용하여 우리의 수고를 덜 수 있을까?

먼저, 기자라는 직업은 사실과 정보를 사람들에게 전달하는 역할을 하는 것도 맞지만, 이러한 기사는 윤리적인 문제 또한 반드시 고려해야 하고, 사회를 감시하는 역할도 해야 하며 우리가 사회현상에 대해 생각해야 할 의의를 제시하기도 해야 한다. 그렇기에 AI의 단순한 사회적 진실 전달 기사는 기사의 정보 전달의 역할만 수행할 수 있을 뿐, 비판의 시각이나 각 언론사 마다의 성향이 담긴 사회 비판, 감시 역할의 기사를 아직 전달할 수 없기 때문에 언론의 다양성이 사라지게 된다. 그리고 이미 현직 기자들은 이러한 문제를 정확히 파악하고 있었고, 미래를 위한 준비를 시작하고 있었다.

　실제로 전공수업에서 실제 언론 종사자분들을 만나 인터뷰를 해오는 과제를 수행한 적이 있다. 그 과제에서 기자님께 AI의 발전으로 인한 기자라는 직업의 미래 전망에 대해 여쭤봤다. 그러자 기자님께서는 "AI는 그저 사실을 나열하는 아이일 뿐 주관적인 생각을 전하진 못한다. 기사는 그저 사실만 나열하는 것으로는 완성되지 않는다. AI의 기사는 생각할 의의를 주는 점은 부족하기 때문에 AI가 우리를 대체하는 것 보다는 AI를 관리하는 새로운 기자의 형태가 나오지 않을까"고 우리가 우려하던 부분을 대체할 수 있는 생각까지 말씀해 주셨다.

　이처럼 우리는 AI를 능동적인 태도가 아니라 수동적인 태도로 받아들이며 이를 도구로 활용하는 방법을 익혀야 한다. 따라서 우리는 앞으로 나타나게 될 새로운 기자 형태의 방향성에 대해 예측해 볼 수 있다. 10년 후, AI와 언론의 협업이 이루어 진다면, AI가 반복적이고 기계적인 작업을 담당하고, 언론인들은 더욱 창의적이고 인간 중심적인 저널리즘에 집중할 수 있게 될 것이다. AI를 도구로 활용할 수 있는 방법들을 3가지 정도 생각해 볼 수 있다.

첫 번째, 기사 작성을 위한 데이터 수집은 양이 방대하기 때문에 분석에 어려움을 겪을 때가 많다. 하지만 이러한 분석을 AI가 실시간으로 분석할 수 있다면, 보도의 신속성과 정확성이 증가할 수 있다. 또한 시청자들의 여론까지 신속한 파악이 가능해, 빠르게 대응할 수 있다.

두 번째, 독자와의 상호작용을 강화할 수 있다. 현대 사회의 시민들은 매우 바쁜 하루를 보내고 있다. 매일매일 쏟아지는 사회적 이슈들과 이에 대한 기사들을 아침마다 모두 확인하기에는 시간적 제약이 있는 것이 사실이다. 이러한 부분에 있어서 'AI 챗봇' 서비스를 이용할 수 있다면 어떻게 될까? 바쁜 아침 독자가 필요한 소식에 대해 질문하거나 뉴스를 요약해서 요청하면 실시간으로 응답해주는 AI 기반의 챗봇서비스 도입은 바쁜 사회의 시민들에게 큰 도움이 될 것이다.

또한 이러한 서비스 제공의 연장선에서 마지막 도구인 개인화 된 뉴스 제공을 생각해 볼 수 있다. 미래의 언론은 많은 변화를 겪게 될 것이고, 쏟아지는 기사의 홍수 속에서 사람들을 많은 혼란을 겪을 수도 있다. 이러한 상황에서 AI를 통해 내가 원하는 기사를 자동으로 추천받고, 사실 검증이 완료된 기사들만 볼 수 있게 된다면 언론의 접근성이 훨씬 높아지게 될 것이다. 따라서 '알고리즘 기자'라는 직업이 생길 것이라고 유추해 볼 수 있다.

현재 언론사는 신문의 광고 수익으로 수입원을 정하고 있다. 만약 AI가 발전하여 알고리즘 기자라는 직업이 탄생한다면, 개인의 관심사의 맞춤형 뉴스를 제공할 수 있다고 생각한다. 또한 무료 버전과 유료 버전으로 나누어 추천 정도의 차이를 둔다면, 언론사는 구독료라는 새로운 수입원이 생기고 기자들은 이러한 구독자들을 만족시키기 위해 더욱 노력하게 된다. 또한 독자들도 자신에게 맞는 뉴스를 읽다 보면, 사회에 관심을 쉽게 가질 수 있어 사회적 효능감이 상승하여 좋은 효과를 낼 수 있다고 생각한다.

AI는 단순히 언론의 경쟁자가 아니라, 혁신의 동력으로 작용할 수 있다. 이를 위해서는 AI를 윤리적이고 책임감 있게 활용하려는 노력이 중요하다. AI가 반복적이고 기계적인 작업을 담당한다면, 언론인들은 더욱 창의적이고 인간 중심적인 저널리즘에 집중할 수 있습니다. 기술과 사람의 조화가 미래 언론의 성공 열쇠가 될 것이다.

우리는 언론인을 희망하는 학생들로서 AI에 종속되지 않고, 이를 어디까지나 도구로 활용해야 한다는 점을 다시 한번 느끼게 되었다. 시간이 흐르고 사회가 변한다고 해도, 언론의 형태가 바뀔 순 있지만 이의 근본적인 존재 이유가 사라지진 않을 것이라고 생각한다. 그리고 이러한 변화될 형태에 맞는 빠른 적응력과 적용 능력이 언론인의 덕목 중 하나이다.

장유경(정보사회미디어학과 1학년)

소크라테스, 2400년을 건너 저널리즘에게

AI 시대가 도래하면서 세상은 빠르게 변화하고 있다. 기술은 점점 더 발전하고, 인간의 적응 속도는 언제나 그랬듯 기술을 따라가지 못한다. 그렇기에 우리는 현재에 안주할 수 없다. 항상 고개를 들고 미래를 바라봐야 한다.

저널리즘은 오랜 전통을 자랑하고, 그만큼 보수적일 것이란 인식이 강한 분야다. 하지만 AI의 도입으로 저널리즘은 이미 많은 부분에서 변화하고 있다. AI가 인간 앵커를 대체하고, 기자의 전유물이던 기사는 AI가 쓰는 시대에 도래했다. 그렇지만 21세기에 제2의 러다이트 운동을 감행하며 기술과 싸울 수도 없다. 우리가 해야 할 일은 하나, 미래를 대비하며 자신을 계속 갈고 닦는 것이다.

'나를 알고 적을 알아야 백전백승'이라는 말처럼, 우리는 AI 시대에 인간으로서 어떤 경쟁력을 가질지 고민해야 한다. 예를 들어, 타자를 빠르게 치는 기자는 투자 시간 대비 기사 양으로 승부하며 현재는 경쟁력을 가진다. 하지만 10년 후에는 AI가 기사를 대신 작성하며 이런 기자는 빠른 시일 내에 기자로서 경쟁력을 잃을 것이다. 영상 뉴스 역시 전통적인 일방향 미디어에서 벗어나 새로운 형식으로 변할 것이다.

뉴스의 첫 번째 변화, 문답이다.

10년 후 뉴스는 AI와의 상호작용을 통해 완전히 다른 방식으로 소비될 것이다.

소크라테스는 "질문하라, 그러면 진리가 너를 찾아올 것이다"라고 말했다.

10년 후 뉴스에서 AI앵커는 더 이상 단순한 정보 전달자가 아니라, 시청자와 대화하며 깊이 있는 통찰을 제공하는 동반자가 될 것이다. 소크라테스의 문답법, 즉 '산파술'은 답을 제시하지 않고 질문을 통해 상대가 진실에 도달하도록 돕는다. 뉴스 수용자는 더 이상 수동적으로 정보를 받지 않고, 능동적으로 질문을 던지며 뉴스의 의미를 확장하는 역할을 하게 된다. 예를 들어, 기후 변화에 대해 단순히 "기후 변화란 무엇인가요?"라고 묻는 대신, "기후 변화가 내 지역 경제에 미치는 영향은?" "이 문제를 해결하기 위해 내가 할 수 있는 일은?"과 같은 구체적인 질문을 던져야 한다.

AI는 이런 질문에 대해 다양한 시각을 제공하고, 심층 분석을 통해 더 넓은 이해를 돕는다. 뉴스는 일방향적인 정보 전달에서 쌍방향 소통으로 발전하고, 각 개인의 관심사에 맞춰 맞춤형 뉴스를 제공한다. 또한, AI는 실시간 데이터를 바탕으로 미래 전망을 예측하거나, 시각적 자료와 함께 정보를 제공해 수용자가 더 쉽게 이해할 수 있게 돕는다.

좋은 질문은 뉴스 소비에서 능동적 사고를 이끌어낸다. AI와의 대화는 이를 연습하는 기회가 되며, 질문을 통해 더욱 깊이 있는 진리를 찾아가는 과정을 가능하게 한다. 미래의 뉴스는 이제 능동적이고 개인화된 학습 도구로서, 우리의 사고를 확장하는 중요한 역할을 할 것이다.

뉴스의 두 번째 변화는 텔레비전에서 웨어러블 기기로 변할 매체에 있다.

웨어러블 기기는 뉴스 소비 방식을 변화시킬 것이다. 스마트워치, 이어폰, AR 안경 등은 짧고 직관적인 콘텐츠를 필요로 한다. 이제 뉴스는 긴 기사나 방송이 아닌, 핵심을 빠르게 파악할 수 있는 간결한 정보로 제공된다. 예를 들어, 10초 안에 사건을 설명하는 오디오 클립이나 3D 시각화 자료 같은 형식이 중요하다.

따라서 수용자는 뉴스를 소비하는 데 있어 몰입형 스토리텔링을 이해하는 것이 핵심이다. AR과 VR을 활용한 체험적 뉴스 소비는 더 깊은 이해와 감각적 학습을 가능하게 한다. 이런 경험은 문제 해결 능력과 통찰력을 키운다. 또한, 웨어러블 기기는 실시간 정보를 제공하기 때문에, 빠르게 변화하는 정보에 적응하는 능력이 필요하다.

또한, 기술을 활용해 빠르게 정보를 파악하고 다양한 시각에서 분석하는 능력을 기르는 것이 중요하다. AR과 VR을 통한 정보 소비는 정확성과 공정성을 비판적 사고로 점검하는 태도를 요구하며 웨어러블 시대의 뉴스 소비자는 이제 능동적이고 윤리적인 정보 소비자가 되어야 한다. 즉, AI시대는 기술과 창의적 학습을 통해 정보를 효과적으로 소비하고, 변화에 적응하는 기회를 제공한다.

뉴스의 세 번째 변화, 나만의 AI 뉴스 비서이다.

10년 후, 뉴스 수용자는 가짜 뉴스와 사실을 구분하는 능력을 갖추는 것이 필수적이다. 인터넷과 포털사이트에서 접하는 기사는 다양한 출처에서 제공되며, 그 중에는 신뢰할 수 없는 정보도 많기 때문이다. 앞으로는 수용자가 구독하는 뉴스 회사에서 제공하는 개인용 AI 뉴스 비서가 실시간으로 기사의 사실 여부를 판별해주는 역할을 하게 될 것이다. 이 AI 비서는 팩트체킹을 자동으로 수행하며, 뉴스의 신뢰성을 평가하고, 사용자가 정확한 정보를 얻을 수 있도록 도와준다.

그러므로 뉴스 소비자는 기술을 적극 활용하여 기사의 정확성을 검증하는 습관을 길러야 한다. 가짜 뉴스를 분별할 수 있는 비판적 사고와 정보에 대한 호기심을 가지고, AI가 제공하는 추가 정보를 참고하면서 뉴스를 소비하는 태도가 필요하다. 또한, 다양한 출처에서 정보를 비교하고, 여러 시각을 고려하는 것이 중요하다.

미래의 뉴스 사용자에겐 기술이 제공하는 편리함을 최대한 활용하되, 비판적 접근을 잃지 않고 신뢰할 수 있는 정보만을 취하는 능력이 요구된다. AI는 사실 확인을 도와주는 도구일 뿐, 여전히 최종적인 판단은 사용자에게 달려있다. 이러한 변화에 적응하며, 신뢰할 수 있는 정보를 선별하는 능력을 키워야 할 것이다.

AI 시대의 뉴스 소비는 이제 단순히 정보를 받는 것이 아니라, 능동적이고 비판적인 사고를 통해 더 깊은 이해를 추구하는 과정이 되어야 한다. 문답 형식으로 변화된 뉴스는 스스로 원하는 정보를 선별적으로 얻을 수 있다는 장점이 있지만 개인의 비판적 사고 능력, 정보 수용 의지에 따라 개인간 정보의 질 차이를 발생시킬지 모른다.

개인화된 AI 뉴스 비서와 웨어러블 기기의 활용은 빠르게 변화하는 정보 환경에 적응하는 데 중요한 도구가 되지만 기술의 발전에도 불구하고, 신뢰할 수 있는 정보 선별과 윤리적인 소비는 여전히 우리의 몫이다.

따라서 미래의 뉴스 소비자는 기술을 도구로 삼아, 더 넓은 시각과 깊이 있는 통찰을 얻어야 할 것이다. 우리는 이러한 변화 속에서 지혜롭게 정보를 소비하고, 더 나은 세상을 만들어가는 데 기여할 수 있다.

장은빈(정보사회미디어학과 2학년)

자신과 세상을 연결하는 법

노트북을 열고 아무것도 적히지 않은 새 문서를 바라보는 시간에는 종종 막막함을 느낀다. 몇 번이고 생각했지만 아이디어가 떠오르지 않았다. "도대체 무슨 이야기를 써야 할까? 사람들이 진짜 관심을 가질 주제는 뭘까?"

하고자 하는 목표는 단순했다. 자신만의 매거진을 만들어 세상과 소통하는 것. 하지만 주제를 정하고, 콘텐츠를 만들고, 이미지를 준비하고, 홍보까지 해야 한다는 사실이 그녀에게는 녹록치 않았다. 그러던 어느 날, 그녀는 AI에 대한 말을 전해 들었다.

"AI가 도와준다고?" 처음엔 믿기 어려웠다. 하지만 반신반의하며 AI 도구를 실행했다. "1인 매거진을 만들고 싶어요. 어떤 주제로 시작하면 좋을까요?" 라고 입력하자마자 AI는 다양한 주제를 제안했다. 여행 중 만난 작은 순간들, 계절마다 달라지는 풍경, 독립서점 이야기까지. 그 순간, 머릿속에 스쳐 지나간 하나.

"모두에게 큐레이터를 안겨주자."

그렇게 생각해낸 1인 매거진의 가장 큰 매력은 자신만의 시각과 이야기를 세상과 공유할 수 있는 강력한 도구라는 것이다. 누구나 자신만의 주제를 선택하고 콘텐츠를 제작해 독자들과 직접 소통할 수 있다. 다만 동시에 이것은 고독한 여정이기도 하다. 모든 과정을 혼자 책임져야 하고, 꾸준히 창의적이고 품질 높은 콘텐츠를 만들어야 한다.

역시 처음에는 많은 어려움을 겪었다. 글쓰기와 편집은 물론, 디자인과 마케팅까지 모든 것이 익숙하지 않았다. 하지만 AI 도구와 함께하면서 매거진은 변하기 시작했다.

AI는 단순한 도구가 아니라, 창작의 동반자였다. 글을 쓰고 아이디어를 정리하는 데 도움을 줬다. 주제를 입력하면 AI는 관련된 글의 초안을 제시했다. 매거진에 들어갈 이미지를 제작했다. 원하는 키워드를 입력하기만 하면, 상상 속 장면이 눈앞에 펼쳐졌다. 매거진의 레이아웃을 직접 디자인하기도 하였고 복잡한 그래픽 소프트웨어를 배울 필요 없이 직관적으로 작업할 수 있었다. 이제 매거진 제작은 더 이상 두렵지 않았다. "AI는 제 부족한 부분을 채워주는 도구가 아니라, 창작의 날개를 달아주는 파트너였어요." 가장 하고픈 한 마디였다.

매거진 제작이 어느 정도 자리를 잡자, 가장 중점으로 둔 것은 독자와의 소통이었다. 매거진의 존재를 알리기 위해 SNS를 활용하고, 댓글과 메시지로 독자와 대화를 나눴다. 처음에는 단순히 홍보를 위한 수단이라고 생각했지만, 시간이 지날수록 독자와의 소통이 우리의 매거진에 생명을 불어넣는 중요한 과정임을 깨달았다.

"어떤 주제를 다뤄줬으면 좋겠어요?"라는 질문에 독자들은 골목 풍경이나 소소한 일상의 이야기를 제안했다. 항상 피드백을 적극 반영하며 콘텐츠를 풍성하게 만들어갔다. 또한, AI 챗봇을 설정해 독자들과의 소통을 한 단계 더 끌어올렸다. 챗봇은 독자가 매거진에 대해 궁금한 점을 묻거나 피드백을 남기면 즉각적으로 응답했다. 챗봇을 통해 얻은 데이터를 분석해 독자들이 어떤 주제를 더 좋아하는지 알게 됐고, 이를 바탕으로 매일매일 올라가는 매거진의 기획을 구체화했다.

그렇게 독자들은 단순 매거진이 아닌 솔직한 이야기에 하나둘 깊은 공감을 느꼈다. 골목길에서 만난 낡은 벽화나 어릴 적 추억을 떠올리게 하는 소소한 이야기들은 단순한 정보가 아닌 따뜻한 연결을 만들어냈다. 독자들의 메시지는 항상 깊은 인상을 남겼다. 그렇게 깨닫게 된 한 가지는

'사람들은 정보를 찾는 게 아니라, 공감과 연결을 원한다는 것을.'

AI는 반복적이고 시간이 많이 드는 작업을 대신하면서 창작자가 더 창의적인 부분에 집중할 수 있게 한다. 물론 시작은 사

람이지만 AI와의 협업으로 시간과 에너지를 절약하면서, 독창적인 콘텐츠를 제작하고 독자들과 더 깊이 연결될 수 있었다. 매거진은 더 이상 전문가만의 영역이 아니다. 당신도 자신만의 목소리로 세상과 연결될 수 있다. AI는 부족한 기술을 채워주는 도구이자 당신의 가능성을 확장시켜주는 파트너다.

지금이 바로 시작할 때다. 작은 아이디어 하나로 첫 페이지를 열어보라. 당신의 매거진은 세상에 단 하나뿐인 이야기를 담을 수 있다. AI와 함께라면, 당신의 상상은 현실이 된다.

"이제 당신 차례입니다. 첫 문장을 적어보세요. 세상은 당신의 이야기를 기다리고 있습니다."

권민영(한국언어 문학과 2학년)

인디도 메이저가 될 수 있다

10년 전에는 오디션 서바이벌 프로그램 열풍이 불었습니다. '슈퍼스타K', 'K팝스타', '프로듀스101' 같은 주로 케이팝이나 발라드, 댄스 같은 메이저 장르의 인재들을 뽑았습니다. 물론 그렇다고 해서 밴드나 인디 장르 오디션이 아예 없었던 것은 아니었지만 주목은 크게 받지 못했습니다. 하지만 최근 '싱어게인', '그레이트 서울 인베이전' 같은 노래만 잘 부르는 일반인을 발굴해내는 프로그램이 아닌 이미 독립 아티스트로 활동하고 있지만 인지도가 없어서 수면 위로 올라오지 못하거나 실력파이지만 인기가 없는 독립 아티스트들을 대중들에게 알리는 프로그램들이 인기가 많아지면서 독립 아티스트들을 듣는 사람들이 많아졌습니다. 그래서 페스티벌이나 축제에 많이 등장하여 밴드와 인디 장르들을 널리 퍼뜨리고 있고 열심히 활동을 하고 있는 아티스트들이 많아졌습니다. 또한 듣는 사람이 많아지면 스트리밍 어플리케이션은 알고리즘이 탑재되어 있기에 본인이 지금 듣고 있는 음악과 관련된 음악들을 자동 재생하거나 추천해주기에 다른 독립 아티스트들도 대중에 알려질 수 있습니다. 소속사가 없이 독립적으로 앨범을 내도 스트리밍 어플리케이션에 음악을 등록할 수 있기에 알고리즘을 타서 대중들이 더 많이 들어주고 있는 상황이 되어 하나의 트렌드로 자리잡고 있고 이 트렌드가 지속되면'인디'라는 장르도 충분히 메이저의 장르로 바뀔 수 있다고 생각합니다.

물론 자체적인 발전 가능성 자체는 높지만 이 장르들을 어떻게 발전시킬지는 많이 부족하다고 느낍니다. 독립 아티스트들은 소속사가 없기에 음반 제작은 전부 사비로 하는 현실입니다. 이렇게 사비로 만들어 스트리밍 어플리케이션에 올려도 홍보가 되지 않으면 사람들은 들어주지 않는 것이 대부분입니다. 대중들은 인기차트의 기능을 사용해서 요즘 어떤 노래가 트렌드이고, 어떤 노래가 새로 나왔는지를 인기차트에서 찾기에 독립 아티스트들의 음악 자체가 알고리즘에 뜨지 않을 수 있습니다.

따라서 저는 소속사가 없는 독립 아티스트들을 위한 독자적인 음악 플랫폼이 만들어지면 좋을 것 같다고 생각을 합니다.

혹은 이런 플랫폼을 만들고 싶습니다. 저는 평소에 밴드와 인디 장르에 관심이 많은 편이어서 이 분야에 종사하는 사람들이 어떤 방식으로 음악을 제작하고 유통하는지 궁금해서 많이 조사해봤습니다. 주로 개인 유튜브 채널이나 스트리밍 어플리케이션을 활용하여 홍보를 하고 유통을 하지만 광범위한 플랫폼이기에 흔히 말하는 알고리즘을 타는 것은 힘든 일입니다. 특히나 소속사가 있는 아티스트들은 홍보가 쉽기에 차이는 더더욱 심해질 것입니다. 지금 대중들에게 알려진 독립 아티스트들은 오디션 프로그램에 나와서 알려지거나 혹은 SNS로 인해 예전에 냈던 음악이 역주행하는 경우로 알려져 있지만 이 마저도 SNS를 잘 안 하거나 오디션 프로그램을 보지 않았던 사람이라면 이 독립 아티스트들이 누구인지도 모를 겁니다. 그래도 이런 방식으로 대중들에게 알려진 독립 아티스트들이 트렌드의 선두에 있지만 지속적인 관심이 없고 이들을 도와줄 플랫폼이 없다면 성장은 멈추고 유행은 끝날 것입니다.

그래서 독립 아티스트들을 위한 플랫폼이 있으면 이 인디 장르만을 원하는 사람들은 쉽게'디깅' 즉 자신의 취향에 맞는 아티스트들이나 음악들을 찾을 수 있고 홍보도 쉽게 할 수 있습니다. 인디 중에서도 밴드, 발라드, 힙합 등 장르를 세분화하여 AI를 활용하여 알고리즘을 만들어 아직 알려지지 않은 다양한 독립 아티스트들을 접하게 해줄 수 있습니다. 그리고 스트리밍 플랫폼이 아닌 외부에서 우연히 들었을 때 노래가 마음에 들어 계속 듣고 싶은 상황을 대비해 자동인식 검색 기능도 추가해 빠르게 노래를 찾을 수 있습니다. 홍보와 관련해서는 페스티벌이나 콘서트 같은 행사가 있을 경우 티켓팅 사이트와 연동해 빠른 정보와 예매를 도와주게 해서 아티스트들을 쉽게 접하게 해주고 새로운 앨범이나 싱글을 알려주는 차트를 따로 만들어 빠르게 신곡을 들을 수 있습니다.

이 플랫폼을 기반으로 하여 독립 아티스트들이 성장을 해서 더 많이 발전할 수 있게 하는 것과 아티스트의 꿈을 가진 사람들이 이 플랫폼으로 시작하여 새로운 꿈을 가졌으면 하는 것이 목표입니다. 점점 독립 아티스트들의 활동을 장려해준다면 독립 아티스트들을 위한 경연 프로그램이 더 많이 만들어질 수도 있고 페스티벌에도 초대받아 공연을 할 수 있는 자리도 더 많아질 것입니다.

10년 후의 음악 산업은 AI기술의 발달로 음악 제작 기술이 많이 발달해 전공자가 아니더라도 작곡의 기술이 쉬워지고 간단해지고 있어 누구나 음악을 쉽게 창작할 수 있을 것입니다. 그

럴수록 독립 아티스트들이 많이 증가할 것이며 이런 플랫폼을 필요로 하는 사람들이 많아질 것입니다.

또한 미디어 매체가 발전하여 음악 홍보에 중요한 역할을 할 것 이기에 플랫폼으로 실시간 소통이나 홍보를 하면서 입지를 넓혀 나갈 수 있을 것입니다.

물론 미래에는 어떤 장르의 음악이 또 유행을 타고 트렌드가 될지는 모르겠지만 이 유행을 한 번 탔을 때 확실한 입지를 굳히는 것이 중요하다고 생각하기에 지금부터 관심을 가지고 노력을 하면 충분히 가능하다고 생각합니다. 아직도 세상엔 수면 위로 떠오르지 못한 좋은 노래들과 원석 같은 아티스트들이 많습니다.

이 모두가 세상에 알려져서 더 많은 사랑을 받았으면 하는 바람입니다.

박원준(일본학과 4학년)

AI야, 이번 시험은 어디서 나올까?

대치동의 한 영어 학원. 학생들이 학교 시험지를 가져와 AI 시스템에 제출하는 모습은 이제 일상이 되었다. 최근 학교들은 더 이상 교과서 지문에 의존하지 않고 외부 지문과 다양한 출처의 자료를 활용하며 시험 난도를 높이고 있다. 학생들은 복잡한 문제와 마주하게 되었고, 학원은 AI와 뉴럴 피드백 기술을 통해 변화하는 시험 환경에 맞춰 진화하고 있다.

시험이 끝난 후 제출된 시험지는 AI 시스템에 입력된다. AI는 학교별 출제 경향, 문제 유형, 난이도와 학생들의 실수까지 세분화해 분석하며 출제 패턴을 학습한다. 반복되는 데이터를 통해 AI는 다음 시험에서 나올 가능성이 높은 문항을 생성하고 '출제 확률 95% 이상'의 맞춤형 리스트를 제공한다. AI가 만들어내는 문제는 실제 시험과 놀랍도록 비슷해지며, 학생들은 학원에서 미리 풀어본 문제를 시험장에서 다시 만나는 경험을 한다.

하지만 진짜 변화는 AI의 정교함에 더해진 뉴럴 피드백 기술에 있다. 뉴럴 피드백은 학습 중 학생들의 뇌파와 신경 반응을 실시간으로 분석하며 집중도와 혼란의 순간을 포착한다. 긴 지문을 읽다 특정 문장에서 멈칫하거나 실수하는 순간, 시스템이 이를 감지해 화면에 "핵심 단어를 다시 찾아보세요"라는 알림을 띄운다. 문법 문제에서도 불규칙 동사 활용에서 반복 실수가 감지되면 즉각적으로 보충 학습이 제공된다. 이 기술은 단순히 정답 여부를 넘어, 학습 과정에서 발생하는 미세한 이해 부족까지도 바로잡는다.

강사는 이러한 뉴럴 피드백 데이터를 바탕으로 실시간 맞춤형 피드백을 제공한다. AI가 세밀하게 학생들의 약점을 분석하고 보완한다면, 강사는 그 데이터를 기반으로 학습 흐름을 조율하고 격려한다. "문법은 거의 완벽하지만 독해에서 흐름이 끊기네요. 핵심 단서를 더 빠르게 찾아보는 연습이 필요해요"라는 강사의 조언은 학생이 학습의 방향을 명확히 잡도록 돕는다.

시험 대비 주간이 되면 AI는 학생별 맞춤형 모의고사를 제공한다. 모의고사는 학생의 과거 시험 결과와 취약점을 반영해 만들어져 실전과의 유사도를 극대화한다. 학생들은 AI가 제시한 문제를 풀면서 시험에 대한 긴장감을 줄이고, "학원에서 연습했던 문제 그대로 나왔어"라는 확신을 갖게 된다.

이러한 환경 속에서 강사의 역할은 점점 더 고도화되고 있다. 과거에는 일타강사만이 최상의 학습 지도를 제공했다면, 이제는 모든 강사가 AI의 도움을 받아 학생들의 학습 패턴을 분석하고 맞춤형 전략을 제시할 수 있게 되었다. AI와 강사의 협력은 평범한 강사도 최상위 강사로 만들며 학원 시스템을 혁신시켰다.

학생들의 학습 태도 역시 바뀌고 있다. AI는 반복된 실수를 감지하고 맞춤형 학습을 제공해 주므로, 학생들은 더 이상 막연하게 공부하지 않는다. 실수했던 부분을 정확히 보완하며 학습 과정에서 "이번에는 완벽히 준비됐다"라는 성취감과 자신감을 얻게 된다.

학교 시험은 계속해서 어려워지고 외부 지문을 기반으로 출제되지만, 학원은 AI와 기술을 활용해 그 격차를 완벽하게 메워 나가고 있다. 기술은 데이터를 분석하고 맞춤형 문제를 제공하며, 강사는 그 데이터를 바탕으로 실시간 지도를 더해 완벽한 학습 경험을 제공한다.

미래의 학원은 이제 단순한 시험 대비 공간을 넘어 "학습의 빈틈을 AI가 채우고, 강사가 완성한다"는 새로운 교육 패러다임을 만들어 나가고 있다.

시험 준비가 막막했던 과거와 달리, 학생들은 학습의 과정을 통해 실력을 쌓고 자신감을 느끼게 된다. AI와 강사가 만들어가는 이 새로운 학습 환경은 대한민국 내신 대비 학원의 미래형 모델로 자리 잡고 있다.

백지성(경영학부 3학년)

기술과 창의력이 춤추는 예능의 시대

　미래의 예능 프로그램은 더 이상 2차원 화면에 국한되지 않는다. 관객은 VR 장치를 통해 프로그램 현장에 직접 "들어가"출연진과 상호작용하고, 심지어 프로그램의 스토리 설계에 참여할 수 있게 된다. AI가 관객의 선호도를 분석하여 실시간으로 프로그램 내용을 조정하며, AI가 대본을 생성하거나 장면을 설계함으로써 사전 준비 시간을 줄이고 창작 효율을 높인다.

　TV와 스마트폰의 결합을 넘어서, 스마트 안경이나 홀로그램 투영과 같은 더 많은 디스플레이 장치를 통해 관객의 참여가 더욱 편리하고 깊이 있게 이루어진다. 관객은 단순히 콘텐츠를 수동적으로 받아들이는 것이 아니라, 프로그램 기획의 '공동 창작자'가 된다. 미래의 예능은 팬들이 아이디어를 제공하거나 투표에 참여하도록 장려하여 프로그램 내용이 관객의 요구와 완벽히 연결되도록 한다.

10년 후 예능 프로그램은 본격적인 VR시대에 진입한다. 관객은 더 이상 화면을 통해 시청하지 않고, VR 헤드셋을 착용하여 프로그램 현장에 직접 '들어가' 몰입형 경험을 얻게 된다.

이는 예능 감독에게 철저한 직업적 변화를 의미한다. 감독은 더 이상 무대의 설계자가 아니라, 가상 세계의 구축자가 된다. 감독은 가상 아티스트 및 기술 팀과 협력하여 높은 몰입감을 주는 디지털 장면을 제작해야 한다. 황야에서부터 우주에 이르기까지, 이러한 장면은 물리적 조건의 제약을 받지 않으며, 프로그램 주제에 따라 자유롭게 창작될 수 있다.

또한, 감독은 합리적인 시각적 안내를 설계하여 조명, 음향, 동적 요소를 통해 관객의 주의를 끌고 시선을 핵심 콘텐츠에 집중시키도록 해야 한다.

인터랙티브 서사가 VR 예능의 핵심이 된다. 관객은 단순한 관찰자가 아니라 프로그램의 참가자가 된다. 관객은 선택을 통해 스토리 전개에 영향을 미칠 수 있으며, 심지어 출연진과 상호작용할 수도 있다. 이는 감독이 프로그램 기획에서 다중 분기 스토리 설계를 포함하도록 요구한다. 실시간 데이터 분석 기술의 적용으로 감독은 관객의 선택과 피드백을 모니터링하고, 데이터를 바탕으로 실시간으로 프로그램의 서사 경로를 조정하여 관객의 경험이 항상 흥미롭고 일관되도록 보장한다.

또한, AI 기술이 프로그램에 널리 사용되어 AI 가상 캐릭터가 출연진을 보완하게 된다. 이들은 관객의 행동에 따라 동적으로 반응하여 프로그램에 과학적 감각과 재미를 더한다. 동시에, 다감각 시뮬레이션 기술의 발전으로 VR 예능의 몰입 경험이 더욱 풍부해진다. 감독은 촉각, 후각 등의 요소를 통합하여 예를 들어 관객이 프로그램 중에 얼굴을 스치는 바람을 느끼거나 꽃 향기를 맡을 수 있게 해야 하며, 이러한 디테일은 프로그램의 현실감을 크게 향상시킨다.

VR 예능의 세계화 특성은 감독에게 더 높은 요구를 제시한다. VR은 물리적 공간의 제약을 없애주기 때문에 전 세계 관객이 동시에 프로그램에 참여할 수 있다. 감독은 다국어 버전의 콘텐츠를 설계하고, 다양한 문화적 배경을 가진 관객의 요구를 고려하여 프로그램이 포용성과 보편성을 갖추도록 해야 한다. 동시에 실시간 글로벌 상호작용을 통해 감독은 가상 장면에서 각국의 관객이 상호작용하도록 유도하여 프로그램의 문화 간

매력을 강화한다.

    미래의 예능 감독은 전통적인 예술적 심미성과 창작 능력뿐
만 아니라 VR 기술, 3D 모델링, 가상 엔진 등의 도구를 숙지해
야 한다. 이들은 콘텐츠 창작자로부터 기술과 예술의 융합자로
전환되며, 사용자 경험의 최적화 전문가가 된다.

AI와 빅데이터 분석을 활용하여 감독은 프로그램 설계를 지
속적으로 개선하며, 관객의 행동 습관과 심미적 트렌드에 적
응해야 한다. 예능 프로그램은 더 이상 단순한 시청각 엔터테
인먼트가 아니라 기술과 예술의 깊은 실험이며, 감독 창의력
의 극한 시험이 된다.

왕심원(문화콘텐츠학과 3학년)

나는 너의 마음을 볼 수 있어

무대 조명이 찬란하게 빛난다. 거대한 LED 스크린에는 이번 방송의 오프닝 화면이 계속 재생된다. 경쾌한 음악이 행사장을 가득 채우고, 현장의 관객들은 들뜬 분위기 속에서 박수와 웃음소리를 멈추지 않는다. 하지만 컨트롤룸의 분위기는 그렇게 가볍지 않다.

감독은 모니터 앞에서 심각한 표정을 지으며 화면을 주시한다. 이어폰에서는 현장 부감독의 보고가 들려온다.

"지금 분위기는 나쁘지 않은데, 뒷줄 관객 반응이 별로 없는 것 같습니다."

"뒷줄?" 그는 모니터에 비친 흐릿한 관객 얼굴들을 주목한다. 화면 속 관객들은 모두 박수를 치고 있는 듯했지만, 겉으로 보기에는 별 문제가 없어 보인다.

하지만 감독은 알고 있다. 이런 박수가 반드시 프로그램이 관객의 마음을 사로잡았다는 것을 의미하지는 않는다. 업계에서 오랜 시간 경험을 쌓아온 그는 현장 관객의 감정이 프로그램 성공에 얼마나 중요한지 잘 알고 있다. 하지만 이러한 감정을 어떻게 정확히 판단할 수 있을까? 그때 그의 시선이 컨트롤 패널 위의 새 장비에 멈춘다. 평면 스크린이 빛을 발하고 있고, 옆의 기술 담당자는 약간 기대에 찬 눈빛으로 그를 바라본다.

"이건 새로 도입한 감정 열기 레이더입니다." 기술 담당자는 태블릿을 건네며 설명한다. "관객들의 감정 변화를 실시간으로 분석할 수 있어요. 한번 사용해 보시겠습니까?"

'감정 레이더?' 그는 태블릿을 받아들며 약간 의문을 품는다. 화면은 깔끔하고 직관적인 인터페이스를 보여준다. 중앙에는 실시간으로 업데이트되는 감정 곡선이 있고, 상단에는 시간축이 표시되어 있다. 곡선의 각 변동은 관객의 감정 변화를 의미하며, 곡선 아래에는 행복함, 놀라움, 집중, 지루함 등의 구체적인 감정 태그도 표시된다.

화면 오른쪽에는 실시간 모니터링 화면이 뜨고, 카메라가 관객석의 모든 사람들을 정확히 포착해 각 얼굴 위에 작은 태그를 붙인다. 대부분 행복함으로 표시되었지만, 뒷줄 영역에서는 지루함과 산만함 태그가 적지 않게 나타난다.

"뒷줄 관객의 감정 상태가 확실히 낮네요." 그는 시스템의 제안 버튼을 눌러본다. 화면에 추천 메시지가 뜬다.

"뒷줄 관객의 감정 수치가 낮습니다. 다음 코너에서 뒷줄 관객과의 인터랙션을 늘려 참여감을 높이는 것을 권장합니다."

그는 잠시 생각에 잠기더니 무전을 집어 든다.
"사회자 주의하세요. 다음 라운드 인터랙션에서는 뒷줄 관객을 지목해서 몇 가지 깜짝 이벤트를 만들어 주세요."

몇 분 후, 사회자는 지시에 따라 뒷줄 관객 중 한 명을 무대로 초대하고 작은 선물을 증정했다. 또 특별히 설계된 미니 게임 코너를 진행하며 더 많은 뒷줄 관객이 참여하도록 유도했다.

게임 코너가 진행될수록 태블릿 화면의 감정 곡선은 서서히 상승하기 시작했고, 점차 안정되더니 이전보다 더 높은 수준에 도달했다. 기술 담당자는 데이터를 보며 고개를 끄덕였다.
"감정 피드백이 정상으로 돌아왔습니다. 인터랙션 전략이 효과를 발휘했네요."

감독은 화면 속 데이터를 보며 미소를 지었다. 이것은 단순한 수정 작업을 넘어 완전히 새로운 연출 방식처럼 느껴졌다. 그는 처음으로 데이터와 직관이 결합했을 때의 강력함을 실감했다.

녹화가 끝난 뒤, 그는 완성된 감정 곡선을 살펴보며 몇 가지 두드러진 하이라이트 순간을 눈여겨보았다.

"이 게임 코너는 반응이 매우 좋았고, 게스트의 즉흥 연출도 훌륭했어요." 그는 시스템이 제공하는 열기 예측 모듈을 열어본다. 화면에는 해당 장면이 단편 영상 플랫폼에서 92%의 확률로 화제가 될 것이라고 표시되어 있었다.

"이 부분을 우선적으로 편집해서 오늘 밤 각 플랫폼에 업로드하도록 하세요." 그는 제작진에게 지시했다.

감정 열기 레이더의 탄생은 우연이 아니었다. 이는 기술 연구팀과 예능 제작진이 함께 이룬 성과였다. 몇 년간 예능 업계는 큰 도전에 직면했다. 관객의 취향이 점점 더 다양해지고, 소셜 미디어의 확산 속도가 빨라지며 기존 제작 방식은 더 이상 시대의 요구를 따라가지 못했다.

이 문제를 해결하기 위해 이 시스템은 두 가지 중요한 목표를 가지고 개발되었다. 감독이 현장 관객의 감정 변화를 실시간으로 파악하도록 돕는다. 대규모 데이터와 AI를 활용해 프로그램의 확산 가능성을 예측한다.

감정 분석 모듈은 시스템의 핵심이다. 이는 첨단 컴퓨터 비전 기술을 활용하여 카메라로 관객의 얼굴 표정을 포착하고, 심층 학습 알고리즘으로 관객 각각의 감정을 정확히 분류한다. 또한 현장의 소리 데이터(웃음소리, 박수 등)를 함께 분석하여 관객의 감정 상태를 종합적으로 판단한다.

열기 예측 모듈은 또 다른 주요 기술이다. 이 모듈은 과거 데이터와 소셜 미디어의 실시간 정보를 통합해 머신러닝 모델을 통해 각 코너가 관객 사이에서 얼마나 확산될지 예측한다. 특히 방송 후에는 온라인 데이터를 수집하여 실제 확산 효과와 예측 정확도를 평가함으로서 앞으로의 제작 방향에 대한 통찰을 제공한다.

몇 달 뒤, 이 시스템은 업계 전반에 걸쳐 보급되었다. 감독들은 이전보다 훨씬 효율적으로 작업할 수 있게 되었다고 입을 모았다.

한 업계 세미나에서 한 베테랑 제작자는 이렇게 말했다.
"예전에는 박수나 웃음소리를 듣고 대충 관객이 뭘 좋아하는지 추측해야 했습니다. 그런데 지금은 감정 열기 레이더가 녹화 현장에서 바로 관객의 진짜 감정을 보여줍니다. 어떤 코너를 조정해야 하는지, 어떤 장면이 뜰지까지 알 수 있어요. 이건 단순히 우리의 작업 방식을 바꾼 게 아니라, 관객과 프로그램의 관계 자체를 바꿨습니다."

청중들은 고개를 끄덕이며 공감했다. 시스템을 개발한 팀은 이것이 시작에 불과하다는 것을 잘 알고 있었다. 앞으로는 감정 열기 레이더를 가상현실(VR)이나 증강현실(AR) 기술과 결합하여 관객의 참여감을 더욱 높이고, 개인화된 데이터 분석을 통해 각 관객에게 맞는 콘텐츠를 제공할 계획이다.

그날 밤, 새 예능 프로그램의 녹화가 진행 중이었다. 감독은 태블릿을 들고 감정 곡선을 주시하고 있었다. 이번에는 전혀 긴장하지 않았고, 오히려 데이터 변화를 자신 있게 기다리고 있었다. 그는 확신했다. 관객의 박수와 웃음소리 그 이면에 있는 진짜 의미를 감정 열기 레이더가 정확히 기록하고 있다는 것을.

다시 무대 조명이 켜졌다. 관객의 미소와 웃음소리 하나하나가 데이터로 기록되며, 프로그램과 관객의 공감을 이어주는 다리가 되어가고 있었다.

유천기(문화콘텐츠학과 3학년)

CHAPTER

04

내가 만난 AI, 10년의 여정

강다연
정이현
고서희
김혜진
이다원
한지인
허지선
양 월
위백우

한밤중의 예술

　매일 밤 우리는 꿈을 꾼다. 그런데 그 꿈이 단순한 환상이 아닌, 미래를 바꿀 수 있는 열쇠가 될 수 있다면 어떨까? 한국 사람들에게 꿈은 현실속에서 길흉화복을 점치는 중요한 매개체로 여겨진다. 예를 들어 똥 꿈은 부자가 될 징조로 유명하고, 불이 나는 꿈은 새로운 시작과 큰 성공을 암시한다. "꿈을 판다"는 개념도 생소하지 않다. "나 오늘 똥 꿈 꿨는데 복권 한 장 사야 되나?"라는 농담은 흔히 들을 수 있는 말이고, 실제로 꿈을 돈 받고 사고파는 사례도 많다. 그런 꿈 문화가 익숙한 사람들에게는 자연스럽게 이런 질문으로 이어진다. "꿈을 진짜로 거래할 수 있다면?" 여기서 말하는 거래는 단순히 꿈의 내용을 말로 전하는 걸 넘어선다. 꿈을 시각화하고 유형의 작품으로 만들어 새로운 가치를 부여하는 것. 상상에서 출발한 이 생각은, 놀랍게도 현재의 기술 발전과 맞물리면서 점차 현실로 다가오고 있다.

무의식, 나의 뮤스가 되어 줘!

　미래에는 잠들었을 때 경험하는 무수히 많은 감정들이 꿈이라는 형태로 기록되고 분석된다. AI 기술은 뇌파 데이터를 분석해 감정을 분리하고, 이 분리된 감정을 기반으로 시각적으로 재구성한다. 이 기술은 단순히 꿈을 복원하는 것을 넘어, 감정의 본질을 드러내는 데 주력한다. 한국에서도 뇌파를 분석하는 웨어러블 디바이스가 점차 대중화될 것이며, 많은 사람들이

　이런 기술을 활용해 꿈을 작품으로 만드는 작업을 시작하게 된다. 작업의 첫 단계는 꿈 데이터를 수집하는 것이다. 잠드는 동안 뇌파를 감지하는 디바이스를 착용하면, 뇌가 활동하는 패턴을 실시간으로 기록한다. 꿈속의 감정과 이미지들은 뇌파의 형태로 나타나고, 이를 AI가 읽고 분석한다.
　이 과정에서 뇌파 패턴은 주파수 대역별로 분류되며, 각 대역은 특정 정신 상태와 연관된다. 예를 들어, 델타파(0.5-4Hz)는 깊은 수면과 관련이 있는데, 이는 마치 뇌가 충전 모드에 들어간 것과 같다. 세타파(4-8Hz)는 REM 수면과 꿈을 꾸는 상태와 연관되는데, 이때 뇌는 마치 내부 영화관에서 영화를 상영하는 것과

비슷하다. 알파파(8-13Hz)는 이완된 상태로, 뇌가 편안한 해먹에 누워 있는 것과 같다. 베타파(13-30Hz)는 집중과 각성 상태로, 뇌가 열심히 일하는 직장인처럼 활동적인 상태다. 감마파(30Hz 이상)는 고도의 인지 활동과 관련이 있는데, 이는 뇌가 마치 천재 과학자처럼 복잡한 문제를 해결하는 상태와 같다. AI는 이러한 뇌파 패턴의 변화를 분석하여 꿈의 내용과 감정 상태를 추론한다. 마치 뇌 속 탐정이 되어 꿈 속 이야기를 해석하는 셈이다.

만약 불이 나는 꿈을 꿨다면, AI는 베타파(불길에 대한 두려움과 긴장감), 세타파(창의적인 상상력과 해방감), 감정 연계 데이터(두려움과 해방감이 동시에 나타나는 이중적인 상태) 등의 데이터를 도출한다. 이 과정은 기술적이면서도 인간적이다. AI는 단순히 뇌파를 해석하는 데 그치지 않고, 꿈속 감정과 이미지를 연결하여 구체적인 시각적 자료로 변환한다. 꿈은 이제 더 이상 머릿속에 남아 있는 애매한 기억이 아니다. AI가 해석한 데이터를 바탕으로 많은 사람들이 꿈을 시각적으로 구현하는 디자이너로 활동하게 된다. 불이 나는 꿈은 불꽃이 터지는 순간의 생명력과 그 안에서 느껴지는 해방감을 표현하는 예술로 변모한다.

이 과정에서 AI는 개인의 과거 꿈 데이터, 문화적 맥락, 심리학적 이론 등을 종합적으로 고려하여 해석을 제공한다. 예를 들어, 불이 나는 꿈에서 불꽃이 점점 커지는 장면이 있다면, 이는 성공이 점점 더 커질 것이라는 암시일 수 있다. 마치 인생이라는 무대에서 스포트라이트가 점점 밝아지는 것과 같다.

또한, 불길 속에서 새로운 길이 열리는 장면은 어려움 속에서 새로운 기회를 발견하게 될 것이라는 의미를 담고 있다. AI는 이러한 긍정적인 상징과 감정을 분석하여, 잠재적 가능성과 미래의 성공 기회를 시각화하는 데 도움을 준다. 꿈 속 불꽃은 곧 다가올 행운과 성공의 불꽃일 수 있다. 이 불꽃을 AI가 분석하고 디자이너가 예술 작품으로 변환하면, 그것은 단순한 그림이 아니라 밝은 미래를 상징하는 귀중한 작품으로 재탄생한다.

AI는 수집된 데이터를 시각적 패턴으로 변환하고, 디자이너들은 이를 기반으로 그래픽 디자인 작업을 한다. 예를 들어, 불꽃의 패턴은 색상 그래디언트와 형태의 반복이나 변형이 많고 강렬한 형태의 타이포그래피 등으로 표현된다. AI가 제안하는 데이터는 작업의 틀이 된다. 한 장의 이미지로 끝나는 것이 아니라, NFT 시장에서 거래 가능한 디지털 자산으로 재탄생까지 연결된다. 10년 뒤에는 기술이 더욱 발전하여 뇌파뿐 아니라,

심박수, 혈압, 수면 중 신체 움직임까지 통합적으로 분석해 꿈의 감정과 이미지를 더 정교하게 구현하게 된다. AI는 꿈속에서 발생하는 신체적 변화와 감정의 흐름을 세밀하게 추적하여, 그 감정에 맞는 이미지를 창조한다.

이 과정에서 AI는 개인의 생체 리듬, 호르몬 변화, 그리고 일상생활에서의 스트레스 요인 등을 종합적으로 고려하여 더욱 정확한 해석을 제공한다. 예를 들어, 코티솔 수치의 변화를 통해 꿈속에서 경험하는 스트레스의 강도를 측정하고, 이를 시각적으로 표현한다. 마치 스트레스가 꿈속에서 춤을 추는 것처럼 말이다. 또한, 근전도(EMG) 데이터를 분석하여 꿈속에서의 움직임을 추적하고, 이를 통해 꿈의 내용을 더욱 생생하게 재현한다. 꿈속에서 달리는 상황이라면, AI는 그 움직임을 포착해 마치 올림픽 육상 선수가 된 것처럼 표현할 수 있다.

자, 이제 꿈은 단순한 상상이 아닌
실제 자산이 될 것이다.

AI 기술의 발전에 따라 당신의 무의식은 가장 강력한 혁신의 원천이 될 것이다. 10년 후, 당신의 꿈은 더 이상 잠깐의 환상이 아니라 실제 가치를 창출하는 자산이 될 것이다.

지금 당장 매일 밤 꾸는 꿈을 기록하고 분석하는 습관을 들이면, 미래 당신의 경쟁력은 이미 한 발 앞서 나가게 될 것이다. 무의식이 만들어내는 이미지들이 곧 당신만의 독보적인 브랜드가 될 터. 오늘 밤, 잠들기 전 이렇게 생각해보라.

"내일 아침, 어떤 꿈의 기억으로 눈을 뜰까?" 그 질문 하나가 당신의 미래를 바꿀 수 있다. 꿈을 단순한 무의식의 산물이 아닌, 혁신의 씨앗으로 여기는 순간, 당신은 이미 성공의 문턱을 넘어서고 있는 것이다.

강다연(커뮤니케이션 디자인 2학년)

AI시대의 인간 마케팅

기술이 발전하며 인간의 역할에 대한 질문이 계속 제기된다. AI가 데이터 분석부터 창의적 작업까지 수행하지만, 경제적 주체로서의 인간만의 특성과 감정적 연결을 만드는 능력은 대체할 수 없다. 인간은 소비를 통해 스스로 의미를 부여하고, 브랜드와의 감성적 유대를 통해 특별한 경험을 추구한다.

프리미엄 브랜드 마케팅에서 인간만이 가진 배타성과 소비 주체로서의 특성은 매우 중요하다. 우리는 인간이 만든 창작물에 더 큰 가치를 부여하고, 비슷한 기능을 하더라도 '인간의 손길이 닿은 것'에 더 큰 애정을 느끼며, 이를 위해 기꺼이 비용을 지불하려 한다. 이러한 특성은 우리가 AI와 공존하는 미래에서도 인간 중심의 소비와 브랜드의 역할을 지속할 수 있는 기회로 작용할 것이다.

이때 AI와 인간의 창작물 간에 가장 큰 차이를 만드는 것은 바로 스토리텔링이다. AI는 정교한 분석을 통해 제품을 완벽하게 설계하고 생성할 수 있지만, 인간의 감정과 경험에서 우러나오는 스토리, 즉 삶의 흔적이 담긴 이야기를 창조하는 능력은 여전히 인간만이 지닌 고유한 가치이다.

프리미엄 브랜드 마케팅에서 중요한 것은 단순히 제품을 판매하는 것을 넘어, 소비자와의 정서적 연결을 통해 잊지 못할 경험을 만들어내는 것이다. 이를 위해 인간의 감정을 담은 스토리텔링과 경험 설계가 필수적이다. 예를 들어, 롤렉스라는 브랜드는 단순히 고급 시계를 판매하는 것이 아니라, '시간을 통해 이루어낸 노력과 성취'라는 메시지를 전달한다. 한 고객이 졸업 선물로 롤렉스를 받았다고 상상해보자. 부모님이 편지와 함께 이 시계를 선물하며 '네가 이룬 성취를 기념하고 앞으로의 가능성을 응원한다'는 메시지를 전한다면, 이 시계는 단순한 액세서리가 아니라 성장과 사랑의 상징으로 남게 된다. 이는 소비자가 브랜드를 단순히 소비재로 인식하는 것을 넘어, 정서적 가치를 부여받게 만드는 과정이다. 또 다른 예로, 구찌(Gucci)가 고객에게 제공하는 경험을 들 수 있다. 구찌의 플래그십 스토어는 단순히 제품을 판매하는 공간이 아니라, 예술과 패션이 결합된 전시 공간처럼 설계되어 있다. 고객은 매장을 방문하는 순간부터 브랜드가 만들어내는 세상에 빠져들며, '나만을 위한' 특별한 경험을 체험하게 된다. 이를 통해 브랜드는 단순히 물건을 파는 것을 넘어 고객이 스스로 특별하다고 느끼게 만드는 감정적 연결을 형성한다.

이처럼 프리미엄 브랜드는 단순히 품질이나 가격만으로 차별화되는 것이 아니라, 소비자가 자신만의 스토리를 만들어갈 수 있는 기회를 제공한다. 감정을 담은 스토리텔링과 섬세하게 설계된 경험은 소비자가 브랜드를 기억하고 충성도를 유지하게 만드는 가장 강력한 도구다. 단순히 고급스러운 제품을 제공하는 것을 넘어, 고객이 브랜드와 개인적으로 연결되도록 돕는 것이 핵심이다. 한정 생산, 맞춤형 제작, 브랜드 철학을 담은 이야기 등은 소비자에게 특별한 소유감과 감정적 애착을 형성한다.

AI는 데이터를 기반으로 개인화된 경험을 제공할 수 있지만, 고객의 복잡한 감정과 맥락을 이해하고 이를 브랜드 가치로 연결하는 작업은 인간만이 할 수 있다. 나의 역할은 이런 인간 중심의 가치를 확대하며, 브랜드와 고객 간의 깊은 정서적 유대를 창출하는 데 있다. 이를 통해 브랜드는 단순한 소비재가 아닌, 소비자의 삶에서 의미 있는 존재로 자리 잡을 것이다.

AI 기술의 발전은 우리의 삶을 크게 변화시켰다. 데이터 분석, 자동화, 개인화된 추천 시스템 등 AI는 인간의 많은 역할을 대체하거나 지원하며 효율성을 극대화하고 있다. 그러나 이러한 시대에도 인간만이 만들어낼 수 있는 고유한 가치는 여전히 존재한다. 그것은 바로 감정과 스토리텔링, 그리고 깊이 있는 정서적 연결이다. AI가 아무리 정교해지더라도, 인간의 삶에서 나오는 이야기와 감정의 가치는 대체 불가능하다.

이를 바탕으로, Timeless Journey라는 플랫폼은 인간의 고유한 가치를 중심에 두고, AI의 기술력을 활용해 프리미엄 브랜드 마케팅의 새로운 방향을 제안한다. 이 플랫폼은 AI의 데이터 분석 능력을 통해 고객의 선호와 행동을 정밀하게 파악하지만, 궁극적으로 고객이 자신의 삶 속에서 특별한 의미를 발견하고 감정적 연결을 경험하도록 돕는다. AI가 실현하는 효율과 인간적 가치가 결합된 이 서비스는 단순히 여행을 설계하는 데 그치지 않고, 고객에게 잊지 못할 경험을 선사하는 데 중점을 둔다.

여행은 단순히 물리적으로 새로운 장소를 방문하는 것을 넘어, 일상의 반복에서 벗어나 특별한 경험과 감정을 얻을 수 있는 중요한 수단이다. 먼 곳으로 떠나는 것은 가장 직관적인 방법이지만, 꼭 물리적인 이동이 아니더라도 특별한 경험은 충분히 가능하다. Timeless Journey는 고객의 일상 속에서도 새로운 감정을 설계하며, 이를 통해 마치 여행을 떠난 듯한 특별한 순간을 선사한다. 예를 들어, 고객이 어린 시절 추억과 연결된 장소에서 맞춤형 이벤트를 경험하거나, 삶의 중요한 순간을 기념하는 맞춤형 경험을 통해 감동적인 이야기를 만들어가는 방식이다. 이는 단순한 공간의 이동을 넘어, 감정의 이동과 변화라는 더 깊은 여행을 가능하게 한다.

'Timeless Journey' 플랫폼은 고객의 감정적 연결을 강화하는 데 중점을 두고 설계되었다. 설계 과정은 고객이 경험을 통해 브랜드와 깊은 관계를 맺을 수 있도록 단계별로 진행되었다. 첫 번째 단계는 문제 정의와 목표 설정이었다. 프리미엄 브랜드 마케팅의 핵심은 고객과의 감정적 연결을 통해 브랜드 충성도를 높이고, 단순 소비를 넘어 감동적인 경험을 제공하는 것이므로, 이를 목표로 삼았다.

두 번째 단계는 사용자 조사 및 데이터 분석이었다. 고객의 니즈와 행동 패턴을 파악하기 위해 다양한 데이터를 분석하고, 고객이 어떤 경험을 통해 감동을 받는지를 조사했다. 이 과정에서는 AI 기술을 활용해 각 고객의 취향과 선호도를 분석하고, 이를 바탕으로 맞춤형 서비스를 제공할 수 있는 방법을 모색했다.

세 번째 단계는 경험 설계이다. 고객의 감정적 반응을 유도하기 위해, 다양한 경험적 요소들을 조화롭게 결합했다. 이를 위해 브랜드의 스토리와 감정적 연결을 강조할 수 있는 콘텐츠를 AI가 제공하도록 설계하고, 고객의 개인적인 감정을 반영한 맞춤형 경험을 제공하는 시스템을 구축했다. 또한, 고객이 경험을 통해 시간과 공간을 초월하는 '타임리스'한 순간을 느낄 수 있도록, 실시간 피드백과 동기 부여 요소를 추가하여 고객의 몰입도를 높였다.

결과적으로 'Timeless Journey'는 AI와 인간의 감성적 가치를 결합하여, 고객에게 브랜드와의 감정적 연결을 강화하고, 프리미엄 경험을 제공하는 플랫폼으로 설계되었다.

Timeless Journey는 고객의 라이프스타일 데이터를 분석해 독점적이고 개인화된 경험을 제공하며, 단순한 소비를 넘어 기억에 남는 감정을 창출하는 데 초점을 맞춘다.

이 플랫폼은 크게 두 가지 주요 서비스를 제공한다. 첫 번째 서비스는 AI 기반 맞춤형 여행 설계이다. 이 서비스는 고객의 선호와 취향을 정확히 분석하여 최적의 여행 일정을 추천하는 기능을 한다. 고객은 자신의 관심사나 취향을 입력하면, 플랫폼의 AI가 이를 분석하여 개인화된 여행 계획을 수립한다. 예를 들어, AI는 고객이 입력한 선호도와 과거 여행 기록, 예산, 여행 목적 등을 기반으로 세부적인 데이터를 분석한다. 예를 들어, 이전 여행지와 선호 활동, 숙소 유형, 소비 패턴 등을 통해 고객의 여행 스타일을 파악하고, 현재 제공한 정보로 최신 니즈를 반영한다.

또한, 소셜 미디어와 리뷰 데이터를 분석해 고객의 라이프스타일과 숨겨진 선호도를 이해하며, 유사한 프로필의 고객 데이터를 비교해 정교한 추천을 제시한다. 이를 통해 AI는 고객이 예상치 못했던 특별한 경험, 예를 들어 '나폴리에서 요트 파티'나 '세계적인 셰프와의 프라이빗 디너' 같은 맞춤형 일정을 설계한다.

두 번째 서비스는 프리미엄 현지 경험을 연결하는 것이다. 이 서비스는 고객이 목적지에서 독특하고 의미 있는 활동을 경험할 수 있도록 지원한다. 예를 들어, 여행 중 지역 장인과 함께 전통 공예 제작 워크숍을 참여하거나, 독점적인 와인 시음회에 초대되어 그 지역의 고유한 문화와 예술을 체험하는 것이다. 고객은 이러한 현지 활동을 통해, 여행지의 문화와 역사에 깊이 있게 몰입할 수 있으며, 단순히 관광을 넘어서 '진짜' 현지 경험을 제공받을 수 있다.

이 두 가지 서비스는 서로 유기적으로 결합되어, 고객에게 맞춤형, 프리미엄 경험을 제공하고, 그 경험을 감동적인 이야기로 만들어 고객의 기억에 오래 남게 한다.

Timeless Journey는 기술과 감성의 융합을 통해 고객에게 희소성과 독점성을 제공하는 특별한 경험을 창출한다. 예를 들어, 고객 A는 평소 미술과 전통 공예에 큰 관심을 가지고 있었고, 이 플랫폼을 통해 자신만을 위한 맞춤형 여행을 설계했다. AI는 고객 A의 취향을 바탕으로, 이탈리아에서 유명한 지역 장인과 함께 전통 도자기 제작 워크숍에 참여하는 경험을 제안했다. 이 경험은 고객 A에게 다른 어떤 여행에서도 찾을 수 없는 독특하고 개인화된 순간을 제공하며, 그에 대한 감동은 오래도록 기억에 남았을 것이다.

또한, Timeless Journey는 친환경과 지속 가능성을 고려한 로컬 협업을 통해 사회적 책임을 다하고 있다. 고객 B는 지속 가능한 여행을 선호하며, 플랫폼을 통해 에코투어리즘을 실천할 수 있는 경험을 찾았다. 플랫폼은 지역의 친환경 농장과 협력하여 고객 B에게 로컬 식재료를 사용한 요리 수업을 제안했다. 이 경험은 고객 B에게 단순한 여행이 아니라 환경과 사회적 책임을 고려한 의미 있는 선택이 될 것이다.

이 플랫폼은 인간 플래너의 섬세함과 AI의 효율성을 결합하여 럭셔리 시장의 새로운 기준을 제시하며, 고객의 일상에서 잊히지 않는 순간을 만들어내는 것을 목표로 한다. Timeless Journey는 AI가 가진 데이터 처리 능력을 활용하면서도, 인간만이 제공할 수 있는 정서적 가치와 창의적 접근 방식을 통해 프리미엄 브랜드 경험의 미래를 이끌어갈 것이다.

10년 후, Timeless Journey는 단순한 여행 플랫폼을 넘어서, 브랜드와 고객 간의 깊은 감정적 연결을 만들고, 인간의 가치를 중심으로 한 프리미엄 브랜드 마케팅을 재정의하는 선도적인 기업으로 자리매김할 것이다. 고객은 AI와 인간의 감성이 융합된 경험을 통해 브랜드와의 관계를 더욱 강하게 이어가며, 지속 가능한 가치와 사회적 책임을 실천하는 프리미엄 여행 문화를 만들어가게 될 것이다.

이로써, Timeless Journey는 시간이 지나도 변하지 않는 진정성과 감동을 제공하는 플랫폼으로, 고객과 함께하는 의미있는 여정을 계속해 나갈 것이다.

정이현(경영학부 1학년)

기술이 만든 특별한 동반자

우리의 가장 특별했던 순간을 손끝에서 다시 느낄 수 있다면? 혹은 복잡한 하루 속에서 마음을 어루만지고 평화를 되찾아주는 무언가가 있다면 어떨까? 현대 사회는 빠르게 변하며 우리의 감정과 기억을 놓치기 쉬운 세상이 됐다. 정보와 스트레스가 넘쳐나는 일상 속에서, 중요한 순간들을 간직하고 흔들리는 마음의 균형을 찾는 일이 그 어느 때보다 중요해지고 있다.

그렇기에 앞으로 10년 뒤의 쥬얼리는 단순히 외형을 꾸미는 장식을 넘어, 우리의 감정을 돌보고 기억을 담아내는 진정한 동반자가 되어 갈 것이다. 예를 들어, 리콜 펜던트는 잊혀질 뻔한 추억을 생생히 되살리고, 바이노럴 비트 귀걸이는 불안한 마음을 달래며 평온과 집중을 선사한다. 단순한 기술을 넘어, 삶의 중요한 순간과 우리의 마음을 이어주는 이 특별한 존재들과의 여정을 지금 떠나 보자.

　현대 사회는 너무나도 빠르게 변화하고 있다. 정보와 자극이 넘쳐나는 환경 속에서, 우리의 소중한 기억과 감정은 종종 뒷전으로 밀리기 쉽다. 하루하루 지나가는 일상 속에서 정말 중요한 순간들을 간직하고 오래도록 기억하기란 점점 어려운 일이 되어 가고 있다. 이러한 흐름 속에서, 과연 우리는 무엇을 통해 소중한 순간들을 붙잡을 수 있을까? 그 답은 첫 번째로 소개할 '리콜 펜던트'를 통해 실현할 수 있다. 이 펜던트는 우리 삶의 소중한 순간들과 감정을 기록해 두었다가, 필요할 때 다시 꺼내 볼 수 있도록 설계된 미래형 쥬얼리다. 이름에서 알 수 있듯 '리콜(Recall)'은 '기억을 되살리다'라는 뜻으로, 이 펜던트가 해내는 특별한 역할을 잘 보여준다. 단순히 몸을 꾸미는 장식을 넘어, 우리의 감정을 담아두고 필요할 때 그 순간을 다시 느낄 수 있도록 돕는 것이다. 리콜 펜던트가 있다면, 우리는 단순히 그 순간을 떠올리는 것을 넘어, 마치 그때로 돌아간 듯한 따뜻함과 위로를 느낄 수 있을 것이다.

　우리는 펜던트와 함께 '기억하고 싶다'라고 생각을 하는 것만으로도, 잊고 있었던 감정과 추억이 선명하게 되살아난다. 단순한 기억이 아니라, 그 순간의 공기, 빛, 온기까지도 생생하게 재현되며, 삶의 의미를 더욱 풍요롭게 만들어 준다.

이 펜던트가 우리의 특별한 순간들을 저장할 수 있는 건 바로 BMI(Brain-Machine Interface, 뇌-기계 인터페이스)와 멀티모달 감정 인식 기술 덕분이다. 멀티모달 감정 인식은 심박수, 피부 온도, 뇌파, 얼굴 표정 같은 다양한 생체 신호를 통합적으로 분석해 사용자가 '기억하고 싶은 순간'을 실시간으로 감지한다. 이런 기술이 계속해서 발전하면서 앞으로 10년 뒤의 리콜 펜던트는 감정이 고조되는 순간과 함께 주변의 온도, 소리, 빛의 밝기 등 환경 정보를 기록할 수 있을 것이다.

이 데이터는 클라우드 서버와 동기화되거나 사용자의 스마트폰과 연동되어, 저장된 기억을 시각적·청각적으로 복원하는 데 활용된다. 만약 추가적인 전자 기기를 사용할 수 없는 상황이라도 걱정할 필요는 없다. 펜던트 자체에 내장된 소형 프로젝션 기술과 진동 모듈이 있기 때문이다. 예를 들어, 펜던트는 어두운 공간에서 특정 색의 빛을 내거나, 손에 미세한 진동을 전달함으로써 당시의 촉감을 상기시킨다. 현재 웨어러블 기술은 주로 심박수 측정이나 기본적인 환경 데이터 기록에 머물러 있다. 그러나 10년 후에는 AI가 사용자 고유의 감정 패턴을 학습하고, 이를 통해 특정 순간의 중요도를 훨씬 더 세밀하게 분석할 수 있을 것이다. 이렇게 되면 펜던트는 복원하려는 기억에서 가장 의미있는 요소를 선별해, 사용자에게 맞춤형으로 추억을 재현해 줄 수 있다. 단순히 과거를 기록하는 것을 넘어, 마치 다시 그 순간에 있는 듯한 '경험의 복원'을 가능하게 만들어 주는 것이다. 이로써 펜던트는 단순한 액세서리가 아니라, 사용자와 가장 개인적이고 특별한 방식으로 연결된 진정한 동반자로 자리 잡는다.

그러나 만약 이렇게 소중한 감정을 간직한 펜던트를 잃어버린다면 어떨까? 이런 상황에서 사용자들이 느낄 상실감을 줄이고, 펜던트를 보다 안전하게 보호하기 위해 리콜 펜던트는 다양한 기술적 대비책을 마련하고 있다. 펜던트와 사용자가 일정 거리 이상 떨어지면, 펜던트는 스마트폰 앱이나 웨어러블 기기를 통해 즉각적으로 알림을 보낸다. 사용자가 다른 기기를 소지하지 않은 경우에도 펜던트는 자체적으로 소리를 내거나 진동을 발생시켜 경고를 전달한다. 또한, 펜던트에 저장된 데이터는 암호화되어 사용자의 스마트 디바이스나 클라우드 서버에 백업되므로, 데이터 유출의 위험 없이 안전하게 보존된다.

설령 펜던트를 되찾을 수 없는 상황이 발생하더라도, 백업된 데이터를 새 펜던트에 복원하여 소중한 기억들을 다시 경험할 수 있다. 이 과정은 사용자가 직관적으로 이해하고 쉽게 사용할 수 있도록 설계되어, 펜던트를 잃어버린 상실감을 최소화하고 빠르게 대체할 수 있도록 돕는다. 이러한 대비책은 단순한 물리적 보호를 넘어, 기억과 감정을 소중히 간직하려는 사용자의 경험을 지키는 데 집중하고 있다. 리콜 펜던트는 기술적 안전성과 사용자 편의성을 통해, 소중한 순간을 잃어버리지 않도록 최선을 다한다.

리콜 펜던트는 단순히 기억을 담는 도구가 아니라, 우리의 삶 속에서 가장 소중한 순간들을 다시금 느낄 수 있는 창구가 된다. 잊혀질 뻔했던 작은 순간들부터 마음 깊숙이 간직하고 싶은 특별한 추억들까지, 이 펜던트는 시간을 초월한 감정의 다리를 놓아준다. 우리의 일상에 스며들어 잃어버린 기억을 다시 살아 숨 쉬게 하고, 그 순간의 온기와 감동을 되새기며, 마치 어제의 일처럼 생생하게 느끼게 한다. 리콜 펜던트는 단순한 기술을 넘어, 인간의 감정과 추억을 연결하는 다리로, 우리의 가슴 속에 오랫동안 잔잔한 울림을 남길 것이다.

두 번째로 소개할 쥬얼리는 '바이노럴 비트 주파수 귀걸이' 이다. 이 귀걸이는 착용자의 감정을 실시간으로 조율하여, 불안과 긴장을 완화하거나 집중력을 높이는 혁신적인 기술을 제공한다.

현대 사회는 끊임없이 빠르게 돌아가고, 정보의 홍수와 과도한 스트레스 속에서 심리적 안정감을 유지하는 것은 필수적인 과제가 되었다. 바이노럴 비트 주파수 귀걸이는 이러한 문제를 해결하고 감정적 균형을 유지하기 위해 설계된 제품이다. 심박수, 뇌파, 피부 온도 등 다양한 생체 신호를 분석해 착용자의 상태에 맞는 주파수를 제공하며, 이는 중요한 순간의 긴장을 풀거나 집중력을 요구하는 상황에서 큰 도움을 준다. 특히, 이 귀걸이에 적용된 '바이노럴 비트' 기술은 뇌파를 특정한 방식으로 조율하여 심리적 안정을 유도한다. 기존의 명상이나 심리 치료보다 즉각적이고 실질적인 효과를 제공하며, 현대인의 바쁜 일상 속에서 평온함과 집중력을 되찾아 준다. 바쁜 직장인부터 시험 준비에 지친 학생, 육아로 힘든 부모에 이르기까지, 바이노럴 비트 주파수 귀걸이는 개인의 다양한 상황에 맞춰 맞춤형 지원을 제공한다. 단순한 쥬얼리 이상의 가치를 가지며, 심리적 안정과 균형 잡힌 삶을 가능하게 하는 동반자로 자리 잡는다. 이 귀걸이는 단순한 액세서리를 넘어, 현대인의 일상에 안정을 불어넣고 더 나은 삶을 지원하는 혁신적인 동반자가 될 것이다.

이 모든 기능의 중심에는 바이오 피드백 시스템이 있다. 바이오 피드백 시스템이란, 신체의 생체 신호를 실시간으로 측정해 사용자에게 피드백을 제공해 감정 상태를 이해하고 조절할 수 있도록 돕는 기술이다. 바이오 피드백 시스템은 사용자에게 생체 신호를 지속적으로 전달하며, 사용자 역시 자신의 상태를 인식하고 조절할 수 있는 방법을 학습할 수 있다. 현재는 일부 명상 앱이나 심리 치료 프로그램에서 바이노럴 비트를 제공하지만, 실시간으로 감정 상태에 맞춰 주파수를 조절하는 기술은 아직 갈 길이 멀다. 미래에는 바이오 피드백 시스템이 발전해, AI가 사용자 감정 패턴을 학습하여 그 상황에 맞는 주파수를 정확하게 제공할 수 있게 될 것이다.

바이노럴 비트 주파수 귀걸이는 스트레스를 받는 직장인, 시험 준비에 지친 학생, 그리고 육아로 바쁜 부모에게 각기 다른 방식으로 도움을 준다. 퇴근길의 직장인은 하루의 피로로 몸과 마음이 무겁지만, 귀걸이는 긴장 상태를 감지하고 차분한 주파수를 제공해 평온한 상태로 집에 도착하게 돕는다.

시험 공부로 집중력이 떨어진 학생은 귀걸이의 주파수 변화로 다시 마음을 다잡아 공부에 몰입할 수 있다. 육아로 지친 부모는 귀걸이의 스트레스 완화 주파수를 통해 소음 속에서도 마음의 안정을 되찾는다. 이처럼 바이노럴 비트 주파수 귀걸이는 다양한 상황에서 착용자에게 맞춤형 지원을 제공하며, 일상 속 심리적 균형을 찾아주는 동반자가 된다.

이런 바이노럴 비트 주파수 귀걸이는 그저 액세서리가 아니라, 사용자의 감정 상태를 읽고 균형을 되찾아주는 작은 친구 같은 존재가 될 것이다. 실시간으로 뇌파, 심박수, 호흡, 근육 움직임 등 다양한 신호를 감지하고 분석해, 착용자가 가장 필요로 하는 주파수를 즉각 제공한다.

이런 과정이 자연스럽게 이루어지기 위해선, 바이오 피드백 시스템과 멀티모달 생체 신호 분석 기술이 중요한 역할을 한다. 이 기술은 단순히 데이터를 읽어내는 데 그치지 않는다. 여러 신호를 통합적으로 분석해 사용자 상태를 더 정밀하게 파악하고, 이를 바탕으로 맞춤형 솔루션을 제시한다. 예를 들어, 불안감을 느낄 때 귀걸이는 진정 효과가 있는 주파수를, 집중력이 필요한 순간에는 활력을 더해주는 주파수를 제공한다. 심지어 비접촉 감지 센서 덕분에 귀걸이는 일상적인 움직임 속에서도 자연스럽게 작동하며, 스트레스 많은 하루에도 편안함과 안정을 찾아준다. 이 귀걸이는 단순한 장식을 넘어, 우리의 마음을 읽고 감정을 돌보는 동반자가 될 것이다. 언제 어디서나 착용자의 심리적 균형을 맞춰주며, 삶의 작은 균열 속에서 평온을 찾아주는 따뜻한 존재가 되어줄 것이다.

쥬얼리는 이제 단순한 장식품을 넘어, 우리의 감정과 기억을 담아내는 또 하나의 언어가 되었다. 리콜 펜던트는 잊혀질 뻔했던 순간들을 다시 되살리며, 바이노럴 비트 귀걸이는 우리를 혼란과 피로 속에서 벗어나게 한다.

이 작은 존재들은 단순한 기술적 혁신을 넘어 우리의 삶에 깃드는 진정한 동반자다. 앞으로 10년, 이 쥬얼리들은 우리의 일상 속에서 감정을 어루만지고, 가장 깊은 곳에 자리한 추억까지 품어주며, 잃어버린 자신을 되찾게 해줄 것이다. 손끝에서 느껴지는 그 따스함은 당신이 살아온 시간을 되새기게 하고, 앞으로의 삶에 새로운 의미를 불어넣는다.

이 작은 동반자들은 단순한 기술 이상의 존재로, 우리의 삶을 풍요롭게 하고 감정을 어루만지는 다리가 되어 준다.

이제, 당신은 이 특별한 존재들과 함께
어떤 이야기를 써 내려가고 싶은가?

고서희(주얼리·패션디자인학과 1학년)

꿈, 주문받습니다!

'꿈이란 그저 허상일까요, 아니면 우리 마음 깊은 곳에 남아 있는 무언가일까요?'

한 고객이 조용히 묻던 그 순간을, 나는 지금도 잊을 수가 없다. 기계적으로 일만 하던 나의 머리를 한 대 내려치는 질문이었다. 그 질문은 나조차도 까먹었던 나의 오랜 고민을 꺼내주었다. 꿈이란 단지 의식의 찌꺼기일 뿐일까? 아니면 우리가 애써 외면해 오거나, 잊었던 기억과 감정이 비밀스럽게 흐르는 강줄기 같은 걸까? 꿈 연구는 사람들에게 내면을 탐구할 기회를 제공하고, 자신을 객관적으로 바라볼 수 있는 공간을 만드는 데에서 시작되었다. 그러나 꿈 설계는 단순히 과거의 기억을 되살리는 것을 넘어, 개인이 새로운 통찰과 변화를 이끌어낼 수 있는 중요한 도구로 발전했다. 꿈은 잊고 지낸 생각과 가능성을 다시 연결시키고, 이를 통해 새로운 목표를 설정하거나 문제를 해결하는 데 실질적인 도움을 줄 수 있다.

지난 10년간의 꿈 연구 기록은 꿈이 삶의 문제를 해결하고 새로운 시작을 만드는 도구가 될 수 있음을 보여준다. 이 기록이 꿈의 가능성을 이해하고, 삶의 방향을 찾는 데 작은 실마리가 되기를 바란다.

2024년 10월 19일, 전 세계적으로 정신 건강 문제가 중요한 화두로 떠올랐다. 코로나19 팬데믹 이후, 많은 이들이 사회적 고립과 경제적 불안 속에서 우울증과 불안장애를 경험하고 있었다. WHO는 이 시기를 기점으로 전 세계 인구의 약 10억 명이 정신 건강 문제를 겪고 있다고 발표했다. 이러한 상황에서 MIT의 Dormio 프로젝트는 꿈 설계의 가능성을 열어 주었다.

'최면기(hypnagogia)' 상태에서 외부 자극을 통해 꿈을 조작할 수 있다'는 연구 결과는 꿈이 단순한 무의식의 부산물이 아니라는 가능성을 제시했다. 이 연구는 꿈이 사람의 감정과 욕구를 반영하며, 이를 통해 정서적 치유와 영감을 제공할 수 있음을 보여주었다. 꿈 설계는 바로 여기에서 시작되었다. 단순히 꿈을 꾸는 것이 아니라, 자신이 원하는 방향으로 꿈을 설계하고 경험할 수 있다는 가능성은 새로운 시대의 창을 열었다. 꿈 설계는 사용자와 디자이너의 협력하에 이루어진다. 사용자는 자신의 감정, 욕구, 혹은 치유하고자 하는 기억을 솔직하게 공유하고, 디자이너는 이를 바탕으로 구체적인 꿈을 설계한다. 예를 들어, 어린 시절의 따뜻한 기억을 다시 경험하고 싶은 사람에게는 그때의 색감, 소리, 온도 등을 현실감 있게 재현하며, 창작의 영감을 얻고자 하는 예술가에게는 상상 이상의 장면과 이미지를 설계하여 창조적 가능성을 열어준다. 이러한 꿈 설계가 단순한 흥미를 넘어, 삶의 전환점이 될 수 있기를 고대한다.

2026년 3월 16일, 첫 번째 고객은 바쁜 일상 속에서 '넓은 바다 위에서 아무것도 하지 않고 쉬고 싶다'는 소망을 가지고 있었다. 디자이너는 해당 요청을 바탕으로 잔잔한 파도와 부드러운 푸른빛, 고요한 바람 소리를 꿈속에 재현했다. 그가 꿈속에서 느낀 평온함은 단순한 휴식을 넘어 새로운 영감의 계기가 되었고, 그의 삶에도 긍정적인 변화를 가져왔다. 이 경험은 꿈 설계가 가진 잠재력을 증명했다. 꿈은 단순히 이상적인 순간을 보여주는 데 그치지 않고, 현실에서 다시 시작할 용기를 제공하는 도구가 될 수 있었다. 꿈 설계는 사용자와 디자이너가 협력하여 이루어진다. 사용자는 자신의 감정, 욕구, 또는 치유하고자 하는 기억을 솔직하게 공유하고, 디자이너는 이를 바탕으로 구체적인 꿈을 설계한다.

예를 들어, 어린 시절의 따뜻한 기억을 다시 경험하고 싶은 사람에게는 그때의 색감, 소리, 온도 등을 현실감 있게 재현하며, 창작의 영감을 얻고자 하는 예술가에게는 상상 이상의 장면과 이미지를 설계하여 창조적 가능성을 열어준다. 이러한 꿈 설계는 단순한 흥미를 넘어 정서적 치유와 스트레스 해소, 창의적 영감, 그리고 미래 비전 설계와 같은 다양한 심리적 효과를 제공한다. 과거의 상처를 마주하고 화해하는 경험은 삶의 전환점이 될 수 있으며, 꿈을 통해 일상에서 벗어나 편안함과 자유를 느낄 수 있다. 또한, 새로운 아이디어와 시각을 제공하여 창작 활동에 활력을 주고, 현실에서 이루고자 하는 목표를 꿈속에서 먼저 경험하며 동기를 강화할 수 있다.

2027년 8월 24일, 정신 건강 문제는 이전보다 더욱 심각해졌다. WHO는 전 세계적으로 정신질환을 경험하는 사람의 비율이 30%에 이를 것이라고 경고했다. 어쩌면 당연하게도, 이런 상황에서 꿈 설계는 점점 더 많은 사람들에게 주목받기 시작했다. 하지만 꿈 설계가 항상 성공적이지는 않았다. 한 고객은 자신의 두려움을 극복하기 위해 꿈 설계를 요청했지만, 설계 과정에서 감정의 전환이 매끄럽게 이루어지지 않아 꿈속에서 오히려 고립감을 느꼈다. 이 실패는 꿈 설계의 기술적 한계를 드러냈고, 더 나은 방법을 찾기 위한 계기가 되었다. 이 경험을 바탕으로, 꿈 설계 디자이너들은 사용자 감정을 보다 정교하게 분석하고 설계할 수 있는 시뮬레이션 도구인 다차원 감정 그래프를 개발했다. 이는 사용자의 감정을 수치화하여 각 순간의 감정 변화를 그래프로 표현하며, 꿈의 흐름이 사용자에게 미칠 영향을 예측할 수 있도록 돕는다. 이 기술은 특히 감정 전환이 중요한 꿈 설계에서 안전성과 효과를 높이는 데 활용된다. 예를 들어, 두려움을 극복하거나 과거의 상처를 치유하는 꿈에서는 감정의 변화가 부드럽고 자연스럽게 이어지도록 설계를 최적화할 수 있다.

2030년 11월 30일, 다차원 그래프를 활용한 꿈 설계 서비스는 소수만의 실험적 서비스에서 벗어나 대중적으로 자리 잡았다. 이 해, 꿈 설계를 경험한 사람들의 수는 전 세계적으로 100만 명을 넘어섰으며, 특히 PTSD(외상 후 스트레스 장애)를 겪는 사람들에게 큰 호응을 얻었다. 어린 시절 부모와의 갈등으로 인해 불안을 느끼던 한 중년 남성은 AI 기반 꿈 설계 프로그램을 통해 감정적으로 해소되고 관계를 개선할 기회를 얻었다. 이 프로그램은 참가자가 직접 부모와 대면하지 않고도 갈등을 해결할 수 있는 방식을 제안했다. 첫 단계로, 참가자의 과거 대화 패턴과 심리 데이터를 분석해 갈등의 핵심 원인을 파악했다. 이후 안정감을 주는 가상의 배경을 AI로 구성하고, 꿈속에서 진행될 대화 시나리오를 설계했다. 프로그램은 부모와의 진심 어린 화해를 목표로, 참가자가 안전하게 자신의 억눌린 감정을 표출할 수 있도록 설계되었다. 꿈속에서 그는 평화로운 배경 속에서 부모로부터 사과와 공감을 받았고, 자신도 감정을 솔직하게 표현하며 심리적 해방을 경험했다. 결과적으로 그는 꿈을 통해 과거의 상처를 인정하고 이를 극복할 용기를 얻었다. 꿈 이후, 그는 부모에게 편지를 보내며 실제 관계에서도 화해를 시도했고, 이는 긍정적인 변화로 이어졌다. 이 사례는 AI 기술을 활용해 직접적인 대면 없이도 심리적 치유와 행동 변화를 유도할 수 있음을 보여준다. AI를 통해 안전한 환경을 제공하고 목표를 명확히 설정함으로써, 갈등 해결의 효과를 극대화할 수 있었다.

또한, 예술가들은 꿈속에서 얻은 이미지를 실제 창작물로 구현하며 큰 성과를 이루었다. 한 건축가는 꿈속에서 본 독특한 건축 구조를 바탕으로 실제 건축물을 설계했고, 이는 대중적으로도 큰 호응을 얻었다. 꿈은 이제 개인의 치유를 넘어, 창작과 혁신의 중요한 원천으로 자리 잡기 시작했다.

2034년 4월 25일, 꿈 설계는 감정 치유와 개인적 성장의 경계를 넘어, 사회적 연대와 협력의 도구로 확장되고 있다. 이는 전쟁, 재난, 차별 등으로 상처받은 사람들이 꿈을 통해 안전하게 감정을 표현하고, 트라우마를 재구성하며 치유의 과정을 경험하는 데서 그 가능성을 확인할 수 있다. 전쟁 생존자가 꿈속에서 잃어버린 가족과 재회하거나, 과거의 기억을 정리하며 슬픔을 수용하는 사례는 단순한 개인적 회복을 넘어 비슷한 경험을 공유하는 사람들 간의 공감과 연대를 촉진하는 계기가 된다. 앞으로 꿈 설계는 지역 사회와 집단적 목표를 위한 플랫폼으로써 자리를 잡을 것이다. 지역 단위에서는 환경 복원과 같은 대규모 프로젝트를 시뮬레이션함으로써 실행 계획의 가능성과 한계를 미리 확인 할 수 있다. 이를 통해 보다 효과적인 결정을 내릴 수 있도록 돕고, 협력의 기반을 다지는 데 기여한다. 또한, 미래 사회에서 꿈 설계는 단순한 개인 경험을 넘어 교육과 글로벌 협력의 핵심 도구로 발전할 가능성이 크다. 학생들은 꿈속에서 다양한 진로를 미리 체험하며 자신에게 적합한 선택을 구체화할 수 있고, 다국적 이해관계자들은 꿈을 통해 문화적 차이를 극복하고 협력 방안을 구상할 수 있다. 이처럼 꿈 설계는 사회적 문제 해결과 혁신의 장으로서, 개인과 집단을 연결하며 미래 사회의 지속 가능성과 통합성을 높이는 데 중요한 역할을 할 것이다. 여기까지가 지금까지 기록된 꿈 연구 일지이다.

고객들이 꿈속에서 자신과 깊이 마주할 수 있도록 돕는 과정은 여전히 이어지고 있다. 꿈속에서 사람들은 오랜 상처와 용서하지 못한 기억, 그리고 자신에게조차 숨겨져 있던 희망과 마주한다. 이러한 경험은 그들에게 조용한 위로가 되고, 누군가는 그 꿈을 통해 새로운 힘을 얻어 현실로 돌아가기도 한다.

꿈은 이제 단순히 개인의 내면을 어루만지는 것을 넘어, 모두를 연결하는 다리가 될 가능성을 보여준다. 한 사람의 꿈이 또 다른 사람에게 용기가 되고, 그 안에서 발견한 깨달음이 더 넓은 세상으로 퍼져 나가는 순간들을 만들어간다.

꿈 설계가 내면의 힘을 북돋우고, 나아가 사회적 연대와 이해를 전하는 공공의 자산으로 자리 잡기를 희망한다. 내가 설계하는 이 작은 꿈들이 모여, 누군가의 삶에 그리고 우리 모두에게 따스한 위안과 희망이 될 수 있기를 바라며 오늘도 나는 꿈을 통해, 나와 그리고 누군가의 다른 꿈을 그려나간다.

김혜진(커뮤니케이션디자인학과 2학년)

눈 앞에 펼쳐진 캔버스

당신은 처음 스마트폰을 손에 쥐던 순간을 기억하는가?

    작고 반짝이는 기기를 통해 우리는 세상을 읽고, 듣고, 보고, 경험할 수 있었다. 손가락 하나로 뉴스를 새로고침하고 지도에서 길을 찾으며 화면 너머의 누군가와 연결될 수 있었다. 스마트폰은 혁신의 상징이었고 그 작은 화면은 무한한 가능성으로 빛났다. 그러나 이제 노트북과 스마트폰은 사라졌다. 물리적 기기의 무게와 제한을 벗어난 이유는 간단하다. 사람들은 더 빠르고 직관적인 방식으로 세상과 연결되고 싶어 했기 때문이다. 이제 디자인은 더 이상 물리적 화면 속에 갇혀 있지 않다. 눈앞에 펼쳐지는 인터페이스가 디자이너의 새로운 작업 공간이 되었으며 손끝으로 허공을 스치면 캔버스가 열리고, 머릿속에 떠오른 이미지는 바로 시각화된다. 이 기술은 디자이너의 창의성을 한계 없이 확장시킨다. 이러한 디지털 기기의 종말은 단순히 기술의 퇴조가 아니라, 우리가 정보와 소통하는 방식, 그리고 창작의 과정 자체에 대한 근본적인 변화를 의미한다. 이제 디자이너들은 물리적인 한계를 초월한 세계에서 창작을 시작했다.

20세기 후반부터 21세기가 시작될 때 컴퓨터와 스마트폰은 디자인 혁명의 핵심 도구였다. 그러나 2034년 이 모든 기기는 역사 속으로 사라졌다. 물리적 기기의 한계를 극복하기 위해 등장한 것은 홀로그램 기반의 가상 인터페이스이다. 이 시스템은 공간을 넘어서 어디서든 작업을 가능하게 한다. 더 이상 무거운 기기를 들고 다닐 필요도, 전원을 걱정할 필요도 없다. 디자이너의 창작 환경은 그들의 시야와 상상력 속으로 확장되었다.

이 기술은 증강현실(AR), 뇌-기계 인터페이스(BMI), 홀로그램 디스플레이가 융합된 결과물이다. 사용자가 손짓으로 명령을 내리면, 시스템은 이를 감지해 인터페이스를 활성화한다. 예를 들어, 손가락으로 공중에 직선을 그리면 작업 창이 열리고, 두 손가락으로 집게 모양을 만들어 원하는 요소를 집거나 확대할 수 있다. 손을 원형으로 그리면 캔버스가 나타나고, 사용자의 눈동자가 색상 팔레트를 집중적으로 바라보면 원하는 색상이 선택된다. 더 나아가, 뇌파를 통해 의도를 파악하는 기술도 접목되어 사용자가 상상한 이미지를 즉시 시각화할 수 있게 되었다.

이 변화는 특히 디자이너들에게 엄청난 영향을 미쳤다. 더 이상 화면의 크기와 해상도, 터치의 한계에 구애받지 않게 된 디자이너들은 창작의 새로운 캔버스를 손에 넣었다. 두 손을 움직이거나 펜으로 그리는 대신, 디자이너는 시선과 몸짓으로 아이디어를 형상화하고, 생각의 흐름에 따라 작업을 이어갈 수 있었다. 과거의 창작 환경에서는 아이디어를 구현하는 데 많은 시간이 소요되었지만, 이제는 생각이 곧바로 결과물로 이어졌다. 공중에 떠오르는 인터페이스는 아이디어의 스케치를 즉각적으로 시뮬레이션으로 바꾸고, 수정할 때마다 실시간으로 반영되었다. 시간은 창작의 제한 요소가 아니라 가능성을 확장하는 자원이 되었다. 예를 들어, 한 디자이너가 특정 공간의 조명 디자인을 구상한다고 가정해보자. 과거에는 조명의 각도를 조정하거나 색온도를 실험하기 위해 긴 시간이 필요했다. 하지만 AI는 그 공간의 3D 시뮬레이션을 즉시 생성하고, 다양한 조명 설정을 실시간으로 보여준다. 디자이너는 그 중에서 선택하거나,

AI에게 추가적인 조정을 요청한다. 이 과정은 일방적인 명령이 아니라 쌍방향의 대화로 이루어진다. AI는 단순히 명령을 따르는 보조 수단을 넘어섰다. 디자인 과정이 진행될수록 AI는 디자이너의 선호도와 스타일을 학습한다. 색상 조합이나 배치 구조를 제안할 때, 디자이너가 기존에 선택했던 패턴을 참고하여 더욱 세련된 옵션을 제시한다. 한편, 디자이너는 AI가 놓치는 감각적 세부사항을 보완하며 작품의 완성도를 높인다. AI는 데이터와 알고리즘으로부터 통찰을 제공하고, 디자이너는 인간 고유의 감각과 직관으로 그것을 다듬는다.

특히, 복잡한 프로젝트에서는 협력의 가치가 더욱 빛난다. 대규모 전시 공간의 인터랙티브 디자인 작업을 예로 들어보자. 조명, 소리, 움직임, 그리고 관객의 동선까지 설계하는 것은 인간 디자이너 혼자 해결하기에 방대한 작업이다. 그러나 AI는 방대한 데이터를 분석하여 가장 효과적인 동선과 배치를 시뮬레이션하며, 실시간으로 피드백을 제공한다. 디자이너는 이를 바탕으로 더 창의적이고 독창적인 작업에 집중할 수 있다. 기존의 디자인 과정은 복잡한 소프트웨어와 도구 사용에 의존했다. 하지만 이제 디자이너는 직관적으로 작업할 수 있다. 레이어를 나열하고, 텍스처를 추가하며, 애니메이션을 설정하는 모든 과정이 실시간으로 이루어진다. 한 공간에서 팀원들과 함께 협업하며 디자인을 조율할 수도 있다. 홀로그램으로 구현된 디자인은 물리적 프로토타입 없이도 현실감을 제공하며, 사용자는 결과물을 즉각 체험할 수 있다.

이 과정에서 AI는 디자이너의 창의적 동료로 자리 잡는다. 때로는 AI가 예상치 못한 아이디어를 제안해 디자이너를 놀라게 하거나, 미소를 짓게 하기도 한다. "이건 제가 생각도 못 했던 방식이네요." 디자이너가 말하면, AI는 학습을 통해 제안을 더욱 세련되게 발전시킨다. 디자이너와 AI의 관계는 단순한 기능적 상호작용을 넘어, 서로 배우고 교감하는 동반자 관계로 변모하고 있다. 한 예로, 한 디자이너가 독특한 색조합을 탐구할 때 AI는 디자이너의 이전 작업에서 추출한 데이터를 바탕으로 예상치 못한 색상 팔레트를 제시한다. 디자이너는 그 색상을 보고 새로운 영감을 얻고 AI와 함께 작업을 발전시켜 나간다. 이런 상호작용은 단순히 작업 시간을 줄이는 것을 넘어 창작의 질 자체를 향상시키며 AI는 디자이너의 취향과 어우러져 독창적인 디자인을 만드는 동료가 된다.

그러나 이 혁신적인 환경은 새로운 윤리적 질문을 던진다. 모든 데이터는 어디로 저장되는가? 사용자의 뇌파나 시각 정보를 활용하는 기술이 개인의 프라이버시를 침해하지는 않을까? 이 데이터를 분산 네트워크로 저장하거나 암호화 기술을 통해 보호하는 방안이 제시되지만 완벽한 보안이란 존재하지 않는다. 따라서, 기술이 발전할수록 이를 규제하고 감독하는 체계 역시 필수적이다. 또한, 이런 시스템이 모든 사람에게 접근 가능하지 않을 경우, 기술 격차는 더욱 심화될 것이다. 기술적 편의성과 윤리적 책임은 늘 함께 논의되어야 한다.

이제 디자이너는 더 이상 도구에 의존하지 않는다. 그러나 도구가 사라졌다고 해서 인간성까지 잃어서는 안 된다. 기술이 아무리 발전해도, 디자인의 본질은 여전히 인간의 감정과 이야기를 전달하는 데 있다. 가상 인터페이스는 단지 도구일 뿐이며, 그 중심에는 디자이너의 창의적 비전이 자리 잡고 있다.

이제 AI는 디자이너의 창작 도구를 넘어, 새로운 가능성을 함께 탐구하는 동료가 되었다. 디자이너와 AI의 협력은 창작 과정을 손에서 마음으로, 그리고 마음에서 눈앞의 공간으로 이동시켰다. 과거의 한계를 넘어선 이 새로운 시대에서, 디자인은 단순한 결과물이 아닌 대화와 공감의 과정이 되었다. 디자인의 미래는 단순히 기술적 진보로만 설명할 수 없으며 그것은 창의성과 윤리성, 기술과 인간성이 조화를 이루는 과정이다. 눈앞에 펼쳐지는 인터페이스는 디자이너에게 무한한 가능성을 열어준다. 하지만 이 가능성을 어떻게 활용할 것인가는 디자이너의 몫이다.

새로운 도구와 환경 속에서 우리는 무엇을 디자인할 것인가? 그 답은 아직 쓰여지지 않았지만 AI 동료가 옆에 있을 것이라는 사실은 분명하다.

이다원(커뮤니케이션디자인학과 2학년)

아드레날린 배송 완료

    10년 후, 감정이 상품으로 거래되는 시대는 기술 발전과 인간의 심리적 욕구가 교차하며 탄생한 새로운 경제와 사회적 패러다임을 보여준다. 현대 사회에서 사람들은 스트레스를 줄이고 원하는 감정을 효율적으로 경험하려는 욕구가 커지고 있다. 스트레스나 우울감에 빠져버리면 고도로 발전한 사회에서 도태되기 십상이기 때문이다. 이런 일상이 반복되는 가운데 결국 감정을 컨트롤하고 원하는 감정만을 추출하여 감정을 바꿀 수 있는 감정판매가 시작되었다. 바쁜 일상에서 사람들이 찾는 설렘, 기대감, 혹은 차분함과 같은 감정은 이제 디지털 기술과 융합되어 맞춤형으로 제공된다. 특히 설렘과 같은 감정은 사람마다 느끼는 방식과 강도가 다르기 때문에 이를 과학적으로 해석하고 사용자에게 적합한 형태로 전달하는 것이 핵심 과제가 되었다. 감정을 추출하고 상품화하기 위해 사용되는 기술은 정밀한 생체 신호 분석과 AI 기반 알고리즘에 의존한다. 첫 번째는 데이터 수집한다. 생체 신호의 실시간 측정을 사용하여 사용자가 감정 진단 장치를 착용하면, 아래의 센서를 통해 다양한 생체 데이터를 실시간으로 수집한다. 거기에는 총 4가지 센서가 사용된다. 뇌파(EEG) 센서 (두피에 부착된 전극을 통해 뇌에서 발생하는 전기 신호를 측정한다. 이는 감정을 유발하는 특정 신경 활동 패턴(예: 설렘의 경우 베타파와 감마파 활성)을 포착한다) 심박수 센서(PPG) 혈류량 변화를 측정하여 심박수와 심박수 변동성(HRV)을 계산한다. 특정 감정 상태에서는 심박수의 변화 패턴이 다르게 나타낸다. 피부 전도도(GSR) 센서(피부의 전기 전도성을 측정하여 땀 분비량의 미세한 변화를 감지한다. 흥분, 스트레스, 설렘 등 강한 감정 상태에서는 전도도가 증가한다.) 근전도(EMG) 센서: 얼굴 근육의 미세한 움직임을 측정하여 표정 변화를 분석한다. 이는 기쁨, 슬픔, 분노 등 명확한 감정 표현과 연관된다.) 두 번째는 센서로 모집한 데이터를 처리한다. 신호 필터링과 정제 생체 신호는 수집 후 노이즈 제거와 필터링 과정을 거친다. 예를 들어 EEG 데이터는 알파, 베타, 감마파 등 주파수 대역별로 분리되며, 각 대역의 강도를 분석한다. 심박수는 평균값 외에도 분당 변화율(HRV)을 추가로 계산한다. 이 과정을 통해 감정에 관련된 유의미한 패턴만 추출된다. 세 번째는 데이터 분석한다. AI 기반 감정 모델링 정제된 데이터를 AI 알고리즘이 처리하여 감정을 진단한다. 개인별 데이터와 대규모 감정 데이터 세트를 학습한 AI 모델이, 사용자의 신호 패턴을 기존의 감정 레이블(설렘, 긴장, 슬픔 등)과 비교한다. 그리고 신호가 감정 상태에 따라 시간 경과에 따라 변화하는 패턴을 분석한다. 예를 들어, 설렘은 단기적으로 심박수와 피부 전도도가 급격히 상승한 후 안정화되는 특징이 있다. 네 번째는 개인화된 진단이 나온다. 감정의 세분화 AI는 사용자의 과거 데이터와 실시간 데이터를 결합하여 감정을 더 세분화한다. 설렘은 기대감 기반 설렘(긍정적 예측)과 모험적 설렘(도전과 불확실성)으로 구분될 수 있다. 특정 주파수 대역(예: 베타파 13~20Hz)과 심박수 패턴(예: HRV의 높은 변동성)을 참고하여 감정 강도를 수치화한다. 마지막으로 진단 결과는 시각적으로 사용자에게 제공된다. 실시간 감정 변화를 그래프로 표시하여 현재 상태를 보여준다. 감정 상태별 강도(예: 설렘 85%, 긴장 30%)를 수치화하여 이해하기 쉽게 표현한다. 이 과정은 지속적으로 사용자의 데이터를 학습하며 개인화되기 때문에, 시간이 지날수록 진단의 정확도가 높아진다. 이를 통해 감정의 종류뿐 아니라, 사용자 고유의 감정 표현 방식까지 정밀하게 진단할 수 있다.

사용자가 원하는 감정을 구매하는 과정은 주로 디지털 플랫폼을 통해 이루어진다. 사용자는 자신의 현재 감정 상태를 진단받은 후, 플랫폼에서 '첫사랑의 설렘', '모험적 스릴', '평온함' 등 다양한 옵션 중에서 적합한 감정을 선택한다. 선택된 감정은 두 가지 방식으로 전달된다. 첫 번째는 VR(가상현실)이나 AR(증강현실)과 같은 디지털 방식으로, 두 번째는 물리적인 감각 자극 제품을 통해 제공된다. 예를 들어 첫사랑의 설렘을 예시로 들자면 첫사랑의 설렘을 느끼게 하기 위해 현재 상용되는 VR과 달리 재현을 위한 단순한 영상 재생이 아닌, 사용자의 기억 데이터와 맞춤형 감각 자극이 동반되는 시스템이 제안된다. 첫 번째로는 개인화된 기억을 재현한다. 시스템은 과거의 감정을 분석한 AI 기반 알고리즘을 통해 사용자가 설렘을 느꼈던 특정 환경을 재현한다. 이를 위해 사용자의 SNS 기록, 사진, 그리고 설문 데이터를 활용한다. 하지만 기존 기억에 얽매이지 않고, 사용자가 원하는 이상적인 첫사랑의 상황을 새롭게 디자인할 수도 있다. 멀티센서 아로마 디퓨저: VR과 연동된 향기 방출 시스템이 기억 속 특정 냄새(예: 꽃향기, 비 오는 날의 흙냄새)를 구현한다. 기존의 단순한 방향제가 아니라 사용자의 심리 상태에 맞게 향을 조절한다. 또한 감각 피드백 기술이 탑재 되어있다. 착용형 촉각 장치가 첫사랑과 손을 잡는 순간의 온도와 압력을 재현한다. 예를 들어, 손목에 가벼운 압력을 주어 터치감을 느끼게 하며 피부 표면에 미세하게 따뜻한 열을 전달해 심장 부근에서 퍼져 나가는 따뜻함을 재현한다. 이는 열선 기반의 착용형 장치로 여기서 사람들은 호르몬 변화, 뇌파의 변화 호흡량의 증가를 느끼며 신체적 변화도 느낀다. 두번째로는 물리적인 제품이다. 설렘을 유발하는 향수, 특정 촉감을 전달하는 직물, 온도 변화 장치 등이 포함된 패키지를 제작하여 제공할 수 있다. 이 제품은 생체 신호 데이터를 기반으로 사용자의 감각을 직접 자극하도록 설계된다. 특정 향기 분자를 통해 뇌의 편도체를 자극하거나, 미세한 진동으로 심박수를 유도하는 기법이 사용될 수 있다. 물리적 제품은 정교하게 개인화되며, 온라인 플랫폼에서 주문 후 집으로 배송되는 형태로 제공된다. 감정 상품화는 사용자에게 다양한 이점을 제공한다. 설렘과 같은 감정은 단순한 즐거움뿐 아니라 창의성과 생산성을 높이는 데도 기여한다. 예를 들어, 창의적 아이디어가 필요한 디자이너는 적당한 설렘 상태에서 더 나은 영감을 받을 수 있다. 또한 정신적 안정과 스트레스 해소를 돕는 맞춤형 감정 서비스는 개인의 심리적 건강에도 긍정적인 영향을 미친다. 이 시스템은 마약과 같은 중독성을 방지하기 위해 철저히 설계되었다. 감정 상품화는 신체에 화학적 의존성을 유발하는 물질을 사용하지 않으며, 생리 신호를 기반으로 한 정밀한 조율이 가능하다는 점에서 안전하다. 예를 들어,

설렘을 과도하게 유발할 경우 사용자의 생리 신호를 분석해 강도를 자동으로 낮추고, 감정 체험의 빈도를 제한하는 시스템이 적용된다. 이와 함께 감정 체험 데이터를 기반으로 새로운 추천이나 맞춤형 감정을 제공하되, 사용자가 특정 감정에 의존하지 않도록 하는 균형을 유지한다. 윤리적 측면에서도 안정성을 강화하기 위한 여러 조치가 마련된다. 모든 생리 데이터는 사용자의 동의로 익명화되어 저장되며, 데이터 유출을 방지하기 위한 철저한 보안 시스템이 적용된다. 감정 체험은 개인의 심리적 안정성을 우선으로 설계되며, 공인된 전문가의 검토를 거쳐 적정 강도와 빈도로 제공된다.

또한, 과도한 상업화를 방지하기 위해 감정 체험 비용은 사용자 계층 간 격차를 최소화하는 방식으로 책정된다. 결과적으로, 감정 상품화는 기술과 인간의 정서적 요구가 결합된 정교한 시스템으로, 사람들이 원하는 감정을 안전하고 맞춤형으로 경험할 수 있는 새로운 기회를 제공한다. 디지털 및 물리적 방식 모두 사용자 중심으로 설계되며, 감정을 거래하는 이 새로운 경제는 개인의 행복과 삶의 질을 향상시키는 데 기여할 것이다. 다만, 윤리적 논의와 기술적 균형을 통해 이 시스템이 인간의 삶에 긍정적인 영향을 미칠 수 있도록 지속적인 발전과 검토가 필요하다. 결과적으로, 감정 상품화는 인간의 정서적 욕구를 충족시키는 유망한 기술이지만, 모든 연령과 건강 상태의 사용자에게 적합하지는 않는다. 이 시스템은 사용자 개인의 특성과 상태를 고려한 맞춤형 제공 방식을 통해 안전성과 윤리성을 보장하며, 이를 통해 감정 체험이 사회적 가치로 자리 잡을 수 있도록 노력해야 한다. 특히 나이 제한과 신체적, 정신적 상태에 따른 사용 조건이 명확히 설정된다. 먼저, 미성년자는 감정 상품 사용이 제한될 수 있다. 감정 체험은 강렬한 생리적 반응을 유도할 수 있기 때문에, 신체적·정신적 발달이 아직 완료되지 않은 청소년에게는 적절하지 않을 수 있다. 예를 들어, 설렘과 같은 감정은 심박수와 뇌파의 변화를 유도하므로, 이를 감당하기 어려운 어린 연령층에게는 스트레스를 유발하거나 과도한 자극으로 이어질 위험이 있다.

이에 따라 플랫폼은 성인 인증 시스템을 도입하여 특정 연령 이상의 사용자만 감정 체험을 구매할 수 있도록 제한한다. 또한 노약자나 특정 건강 상태를 가진 사용자에게는 감정 상품 사용이 제한되거나 조정된다. 심장 질환, 뇌전증, 정신적 불안 증세를 가진 사람들은 강렬한 생리적 자극이 건강에 악영향을 미칠 가능성이 있다. 예를 들어, 심박수의 급격한 상승을 동반하는 감정 체험은 심장 질환을 가진 사용자에게 치명적일 수 있으며, 강렬한 시각·청각 자극이 뇌전증 발작을 유발할 가능성도 있다. 따라서 감정 상품 플랫폼은 사전에 사용자의 건강 데이터를 평가하고, 안전하게 체험할 수 있는 감정의 범위를 제한하거나 적합한 대체 상품을 추천한다. 이러한 안전 조치에는 사용자 건강 상태를 사전에 진단하는 기능이 포함된다. 감정 체험을 구매하기 전에, 사용자는 플랫폼에서 자신의 건강 정보를 입력하거나 의료 기관의 건강 확인서를 제출해야 할 수 있다. 시스템은 이를 기반으로 사용자에게 적합한 감정 상품을 추천하며, 과도한 자극을 피하기 위한 보호 모드를 자동으로 활성화한다. 예를 들어, 설렘 체험 중 사용자 생체 신호가 이상적으로 작동하지 않는 경우, 시스템은 즉각적으로 자극 강도를 줄이고 경험을 중단할 수 있다. 이 과정에서 플랫폼은 건강과 안전을 최우선으로 고려하며, 감정 상품이 특정 사용자에게 심리적·생리적 부담을 주지 않도록 설계된다. 미성년자와 노약자는 물론, 스트레스 민감도가 높은 사용자에게도 안정적인 환경을 제공하기 위해 모든 콘텐츠는 사전에 인증된 전문가들의 테스트를 거친다.

감정 판매가 일상화된 세상에서는, 아침에 일어나 향수 대신 '설렘 향기'를 한 번 체험하며 하루를 시작한다. 출근길 지하철에서는 사람마다 VR 헤드셋을 쓰고 '행복 버블'이나 '자신감 충전'을 구매해 즐긴다. 친구들과의 저녁 약속 전에 '첫사랑 설렘'을 체험하고 가면, 자연스럽게 리액션이 풍부해져 대화가 더 활기차 진다. 편의점에서는 음료수처럼 '감정 패키지'를 고를 수 있고, "오늘은 모험적 설렘 2+1 행사 중이네!"라는 대화가 흔하다. 회사 회의 전에는 팀 단위로 '집중과 협업 강화 감정'을 단체 구매해 생산성을 높인다.

감정 체험은 이제 한 번의 클릭으로
기분을 조율하는 가장 일상적이고도 가벼운
선택이 되었다.

한지인(커뮤니케이션디자인학과 2학년)

경계를 허무는 시각의 미래

모두를 위한 디자인은 사람들 사이의 감각적 장벽을 허문다. 디자인은 단순히 보이는 것 이상의 감각을 소통하는 중요한 매개체이다. 진정한 디자인은 모두가 불편 없이 정보를 접하고, 감정을 공유하며, 경험을 나눌 수 있어야 한다. 이 책을 집필한 이유는 편집 디자이너로서 '포용적 디자인'을 실현하려는 꿈 때문이다. 특히 색상에 민감한 커뮤니케이션 디자인 분야에서, 색맹이나 시각적 제약을 가진 사용자도 소외되지 않는 세상을 만들 필요성을 절실히 느꼈다. 10년 후, 우리는 단순히 시각적 만족이 아닌 모두가 접근 가능한 공평한 디자인의 시대를 맞이할 것이다.

그렇다면 디자인의 미래는 어떤 모습일까? 도시는 바쁘다.

신호등, 버스 노선, 공공 안내판 등 모든 것이 색에 의존하고 있다. 하지만 적록색맹이나 전색맹 사용자에게는 이는 그저 혼란의 바다일 뿐이다. 현재는 명암 대비를 강조한 디자인이 일부 도입되었지만, 10년 후의 버스 시스템은 한층 더 진화한다. 도시의 버스 시스템은 더 이상 색으로만 구분되지 않는다. AI와 적응형 인터페이스가 융합된 '스마트 버스'는 색맹 승객에게도 혼란 없는 경험을 제공한다. 적색과 녹색 버스의 구분은 이제 과거의 유물이 된다. 미래의 버스 시스템은 승객이 어떤 형태의 색맹인지 실시간으로 감지하고, 이를 바탕으로 정보를 제공한다. AI 기술이 탑재된 스마트 정류장은 승객의 시각적 상태를 스캔해 최적화된 정보를 제공한다. 적록색맹인 사용자가 정류장에 접근하면, 전광판은 색 대신해 명확한 아이콘과 패턴을 사용해 버스 노선을 안내한다.

시아는 항상 바쁜 도시에서 버스를 타는 것이 힘들었다. 적록색맹이었던 피티는 매번 정류장에서 버스의 색깔을 제대로 구분하지 못해 다른 버스로 잘못 타곤 했다. 그는 자신의 상황에 좌절하고 늘 불안감을 느껴야 했다. 특히 바쁜 출근 시간에는 그 실수가 더 큰 문제가 되었다. 사람들이 서둘러 버스에 타고, 시아도 급하게 따라탔지만 정작 반대 방향으로 가고 있다는 사실을 깨달았을 때의 그 실망감은 이루 말할 수 없었다. '왜 항상 나만 이런 실수를 하지?'라고 시아는 마음속 깊이 생각하며 늘 스트레스를 받았다. 그는 매번 정류장에서 버스가 오면 사람들 사이에서 뒤섞인 채 어느 버스가 자신의 목적지로 가는지 확인하려 애썼다. 한 번은 녹색 버스를 타야 했는데 적색 버스를 타는 바람에 반대 방향으로 한참을 가버린 적도 있었다. 도착한 뒤 피티는 고개를 푹 숙이며 한숨을 쉬었다. '또 잘못 탔어…' 그는 그날 중요한 발표가 있는 날이었지만, 결국 버스를 잘못 타서 늦고 말았다. 머릿속은 혼란스럽고 마음은 무거워져, 그때부터 시아는 매번 버스를 타기 전 더 큰 부담감을 느끼게 되었다. 시아는 매번 버스를 확인하는 것이 일종의 강박처럼 다가왔고 정류장에서 버스를 기다리는 일이 두려웠다. 이 경험은 시아에게 정말 큰 스트레스를 주었고, 다음부터는 항상 버스를 탈 때마다 불안함을 느끼게 되었다.

그러던 어느 날, 시아는 정류장에서 새로운 변화를 발견했다. 전광판에 삼각형과 원형의 패턴이 나타났고, 시아가 타야 할 적색 버스를 삼각형 패턴으로, 녹색 버스를 원형 패턴으로 표시해 주었다. 시아는 전광판을 보고 자신도 모르게 환호성 을 질렀다. '이제 드디어 이 혼란에서 벗어날 수 있겠어!' 전광 판에는 적색 대신 삼각형 패턴, 녹색 대신 원형 패턴이 명확하 게 표시되었다. 패턴이 눈에 딱 들어오자마자 시아는 마치 어 두운 숲에서 밝은 길을 발견한 것처럼 머릿속이 맑아지는 것을 느꼈다. 이 간단한 패턴 덕분에 혼란스러운 감정이 사라지는 기 분이었다. '이제는 이 패턴들만 기억하면 돼!' 그는 패턴이 주는 단순함과 명확함 덕분에 느끼던 모든 혼란이 사라지는 듯한 기 분을 만끽했다. '와, 이제 헷갈리지 않겠어!' 시아는 얼굴에 환 한 미소를 띠었다. 게다가 스마트 정류장과 연동된 시아의 스마 트폰 앱에는 '103번 삼각형 버스가 곧 도착합니다'라는 알림이 떴다. 이제는 패턴만 보고도 쉽게 버스를 찾아 탈 수 있게 되었 다. 버스의 정면 뿐만 아니라 측면에도 이 패턴이 표시되어 있 어 시아는 어느 방향에서 접근하든지 쉽게 버스를 확인할 수 있 었다. 시아는 이제 전처럼 정류장에서 두리번거리며 불안해하 지 않아도 되었다. 그는 다가오는 버스의 측면에 나타난 삼각 형 패턴을 보며 '이게 맞아!'라고 확신했다. '혹시 또 잘못 탈까?' 라는 걱정은 이제 그의 머릿속에서 사라졌다. 대신에 그는 버스를 기다리며 여유롭게 다른 승객들을 관찰하기도 하고, 스마트폰으로 음악을 듣기도 했다. 매번 불확실성으로 가득했던 버스 타기가 이제는 그의 하루를 시작하는 안정된 순간으로 바뀐 것이다. 시아는 패턴을 보며 쉽게 버스를 탈 수 있는 것이 얼마나 큰 자유인지 새삼 깨달았다. 그는 그동안 겪었던 불안과 스트레스가 이제는 과거의 일이 되었음을 느끼며 크게 안도의 한숨을 내쉬었다. '단순히 버스를 타는 일이 이렇게 편할 수 있다니!'라고 속으로 생각하며 미소 지었다. 그 순간, 시아는 자기 자신이 갑자기 무적이 된 기분마저 들었다. 이제 그는 도시를 더 자유롭고 빠르게 이동할 수 있었다. 이러한 시각적 경험을 촉각이나 패턴 인식으로 변환하는 시스템 덕분에 시아는 혼란 없이 버스를 탈 수 있었다.

패턴을 통해 색상 대신 명확하게 버스를 식별할 수 있게 되어, 색맹이라는 제약이 더 이상 걸림돌이 되지 않았다. 시아는 이제 패턴만 기억하면 어려움 없이 버스에 탈 수 있었다. 또한, 삼각형이나 원형이라는 간단한 도형만으로도 복잡했던 색상의 혼란에서 벗어나 버스를 선택할 수 있었다. 그는 매번 패턴을 보며 '삼각형, 삼각형, 이게 내 버스야!'라고 속으로 되뇌며 편하게 버스를 타곤 했다. 이제 버스를 탈 때마다 느끼던 불안감은 사라졌고, 그 자리에는 자신감이 생겨났다. 게다가, 좌석 팔걸이에 있는 작은 진동 패드는 하차할 정류장을 알려주어 시아가 음악을 듣거나 다른 생각에 빠져 있어도 걱정할 필요가 없게 만들었다. 시아는 마치 도시가 그에게 말을 걸며 안내해 주는 것 같아 마음이 든든해졌다. 이러한 시각적 경험을 촉각이나 패턴 인식으로 변환하는 시스템 덕분에 시아는 혼란 없이 버스를 탈 수 있었다. 그는 다른 사람들과 똑같이 그저 버스가 도착하길 기다리고, 버스가 도착하면 그저 정해진 패턴을 확인하고 탑승하면 되었다. 주변 사람들처럼 자연스럽게 버스를 타는 자신을 보면서 시아는 작은 성취감을 느꼈다. 이전의 스트레스와 불안은 온데간데없이 사라지고, 자신에게도 이런 편리한 일상이 가능하다는 것이 믿기지 않았다.

버스 내부의 안내 시스템도 노안인 승객들을 위해 변화했다. 디지털 디스플레이는 사용자가 글씨를 더 잘 보도록 자동으로 확대하며, 대비를 높여 정보를 명확히 보여준다. 글자가 작아 잘 보이지 않는 노안 승객들을 위해, 글씨 크기는 자동으로 확대되며, 화면의 대비도 명확하게 조정된다. 또한 정차 안내 음성도 더욱 크게 재생되어, 멀리 앉은 노안 승객들도 쉽게 정보를 확인할 수 있도록 변화한다.

시아가 탑승한 버스에서 시아에게는 '다음은 물결 패턴 노선입니다'라는 안내 음성이 나온다. 옆에 앉아 있는 50대 노안인 마야는 확대된 디스플레이와 명확한 안내 음성 덕분에 편안하게 버스 내부 정보를 확인할 수 있었다. 마야는 디스플레이의 글자가 또렷하게 보이자 '이제 내 눈이 나빠도 더 이상 문제 되지 않겠군!'이라며 안도의 미소를 지었다. 그는 예전처럼 정류장을 지나칠까 봐 조마조마하지 않고, 안내 음성을 들으며 편안하게 창밖 풍경을 감상할 수 있었다. 마야 또한 글씨가 크고 명확하게 보이는 디스플레이 덕분에 정류장을 잘못 내릴 걱정을 덜 수 있었다. 버스에서 내릴 때 마야는 '이제는 정말 걱정할 필요가 없군!'이라며 기분 좋게 웃음을 지었다. 예전에는 항상 작은 글씨 때문에 제대로 보지 못해 정류장을 지나치곤 했던 마야는 이제 버스에서 내릴 때마다 안도감을 느꼈다. 그는 '이 시스템 덕분에 내 생활이 얼마나 편리해졌는지 몰라'라고 속으로 생각하며, 앞으로의 일상에 대한 자신감을 회복했다.

버스 내부뿐만 아니라 정류장과 거리의 모든 요소들도 변화하고 있다. AI와 센서 기술이 결합된 스마트 정류장은 실시간으로 사용자의 특성을 파악하고 개인 맞춤형 정보를 제공한다. 색상 구분이 어려운 승객에게는 명확한 도형과 패턴을 사용해 안내하며, 노안이 있는 승객에게는 글씨 크기를 자동으로 조정한다. 또한, 빛에 민감한 사용자에게는 디스플레이의 밝기를 적절히 조절해 눈의 피로를 최소화한다. 이러한 변화는 단순한 기술의 발전이 아닌, 모든 사용자가 동등하게 접근하고 이용할 수 있는 환경을 만들기 위한 기술과 디자인 융합의 결과이다.

10년 후의 미래 도시는 단순한 디자인을 넘어 사용자와 '대화'하는 공간으로 변모한다. 마야가 특정 버스를 찾을 때, 주변의 가로등과 정류장 표시판은 자동으로 더 밝아져 쉽게 볼 수 있게 되고, LED 패널이 명확하게 패턴 신호를 송출한다. 교차로를 건널 때도 신호등이 보색 대비가 높은 형태로 변환되어 시아의 안전을 보장한다. 색맹을 위한 디자인은 단순히 색상 교정을 넘어서, 모든 시각적 제약을 극복하는 기술로 진화하고 있다. 노안이 있는 승객에게는 버스 전광판의 글씨 크기가 자동으로 확대되고, 빛에 민감한 사용자에게는 버스 내부 조명의 밝기가 조절된다. 이렇게 적응형 기술은 도시 전체에 적용될 수 있다.

시아는 이 모든 변화가 무척 마음에 들었다. 이제는 단순히 버스를 타기 위해 애쓰지 않아도 되고, 더 나아가 도시 전체가 시아와 '소통'하는 느낌을 받았다. 교통수단은 교통수단 이상의 기능을 하며 자신을 위한 변화하는 공간을 경험하는 것이다. 이러한 도시는 모든 이들에게 편리함을 제공하며, 장애나 제약을 가진 사람들에게도 진정한 자유와 평등을 선사한다.

이 책이 독자들에게, 그리고 나 자신에게 '모두를 위한 시각', '모두를 위한 디자인'이 무엇인지 다시 한번 생각해 보는 계기가 되기를 바란다. 모두를 위한 디자인은 그저 하나의 트렌드나 기술적인 해결책이 아니라, 우리 사회가 추구해야 할 궁극적인 목표이자 이상이다. 모든 사람이 동등하게 정보에 접근하고, 자신의 감각을 통해 세상을 경험할 수 있는 미래를 꿈꾸며, 우리는 지속해서 노력해야 한다. 디자인은 단순히 형태나 기능을 넘어, 사회적 가치를 담고, 사람들 사이의 연결과 이해를 촉진하는 진정한 '모두의 예술'이 되어야 한다.

디자인은 사람들이 함께 살아가는 방식과 상호작용하는 방식을 변화시키며, 더 나은 세상을 만들어 나가는 데 중요한 역할을 할 것이다.

허지선(커뮤니케이션 디자인학과 2학년)

스마트 보석의 마법

머지 않은 미래에 주얼리는 더 이상 차가운 장신구에 불과하지 않을 것이며, 착용자의 마음과 교차하고 마음에 따라 움직이는 기적이 될 것이다. 인공지능과 주얼리 디자인의 결합은 우리에게 마법이 가득한 세계인 스마트 변형 보석을 짜고 있으며, 인체에 자동으로 적응하고 감정을 감지하며 착용자와 상호작용까지 할 수 있으며, 과학기술의 기적이자 예술의 화신이기도 하다.

반지를 끼면 그 안쪽 고리가 살짝 수축되어 손가락에 밀착되어 마치 몸을 재는 듯한 장면을 상상해 보라. 마이크로 센서는 수호 요정처럼 여러분의 피부를 스캔하고 크기를 분석한 다음 가장 편안한 방법으로 반지의 서라운드 조임도를 조절한다. 이것이 첫 번째 변형 마법인 가변 크기 조정이다. 보석은 더 이상 고정된 형태가 아니라 부드러운 리본처럼 여러분의 몸의 곡선에 따라 춤을 추게 될 것이다. 만약 여러분이 화려한 연회에 있다면, 손목에 차고 있던 팔찌가 갑자기 꽃잎 목걸이로 탈바꿈하거나, 손등을 우아하게 미끄러져 반지로 바꿀 수 있다. 이것이 두 번째 변형 마법이다. 즉, 동적 형태 변환이다. 플렉서블 소재와 AI로 구동되는 소형 모터로 구현되며, 이 보석들은 더 이상 단일한 형태에 국한되지 않고 장소, 자세에 따라 움직이며 만천의 모습을 보여줄 수 있다.

그리고 더 놀라운 것은 보석의 세 번째 변형 마법인 다이내믹 합체 또는 분할 기능이다. 착용하고 있는 여러 보석들이 AI의 지휘 아래 자석처럼 서로에게 끌리거나 독립된 장신구를 분리하여 당신의 착용 스타일과 완벽하게 호응하는 형태를 연출하는 것을 상상해보라. 우아한 목줄이든, 정교한 이어링이든, 그것들은 한 순간에 '하나'가 되거나 '화정 제로'가 될 수 있다.

보석의 네 번째 마법은 생명과 같은 날렵함을 부여한다. 대화식 변형, 반지를 가볍게 어루만지거나 음성으로 가볍게 지시하면, 모양 변경, 색 변화, 심지어 미세한 빛 패턴까지 투사하게 된다. 착용자는 더 이상 수동적인 장식품 보유자가 아니라 보석과 대화를 나누는 창조자이다.

동화처럼 들리지만 현실의 과학기술은 이 기적에 이르는 길을 깔고 있다. 예를 들어, 삼성의 특허인 미래의 갤럭시 링은 고정된 크기 설계를 지양하고 유연하게 밀착되는 인라인 링으로 다양한 사용자 요구를 충족시킬 것이라고 암시했다. MIT가 개발한 액상금속 플렉시블 회로는 스마트 주얼리를 구부리고 늘릴 때 정상적으로 작동할 수 있도록 하는데, 도쿄대의 열치변색 소재로 주얼리가 온도 변화에 따라 자동으로 색감을 전환하고 착용자의 정서 변동까지 매핑할 수 있다.

이 마법과 과학기술이 얽힌 향연에서는 보석 디자이너의 역할도 전환된다. 그들은 단순한 설계자가 아니라 마법의 뜨개질이자, 기술의 지배자이다. 이들은 AI 개발자, 소재 과학자, 엔지니어 통력(通力)과 협업해 더 많은 기능의 융합을 위해 최첨단 기술을 주얼리 디자인에 접목해야 한다. 아울러 디자이너는 친환경과 지속가능성 철학을 디자인에 주입해 미래를 위해 놀랍고 책임있는 작품을 만들어내는 신소재의 전문가가 될 필요가 있다.

미래의 스마트 주얼리는 패션의 상징은 물론 건강 모니터링, 결제 기능, 인증 등 실용적인 기능을 접목해 개개인에게 없어서는 안 될 테크 파트너가 될 것이다. 디자이너는 AI 기술이 발전함에 따라 AI로 다양한 디자인 스케치를 생성하고 글로벌 트렌드를 분석해 주얼리 디자인을 더욱 맞춤형·개인화할 수 있게 되었다. 가상 디자이너는 사용자와 직접 상호작용해 주얼리의 맞춤형 디자인을 함께 완성할 수 있을 정도다.

미래에 보석은 더 이상 차가운 액세서리가 아니라 우리와 공감하는 파트너인 그것들은 우리를 위해 움직이고, 우리로 인해 변하며, 우리의 삶을 더욱 돋보이게 한다.

양월(주얼리·패션디자인학과 3학년)

기술과 예술의 새로운 교향곡

포스터가 우리에게 말을 건넨다면 어떨까? 우리를 바라보며 감정을 나누고, 질문에 대답하며, 이야기를 함께 만들어 간다면? 이제 단순히 정보를 전달하거나 광고를 위해 벽에 붙어 있는 정적인 매체를 넘어, 기술과 예술이 결합된 새로운 경험을 제공하는 존재로 변모하는 포스터를 상상해 보자. 앞으로 10년 후, 포스터는 더 이상 단순한 이미지가 아닌, 우리와 상호작용하며 기억을 저장하고 환경과 함께 살아가는 '살아 있는 매체'로 자리 잡을 것이다.

미래의 포스터는 물리적인 한계를 넘어, 공중에 자유롭게 떠오르는 가능성을 열어줄 것이다. AR(증강현실)과 홀로그램 기술이 결합된 포스터는 특정 장소에 고정되지 않고 사용자와 실시간으로 정보를 주고받는 방식으로 우리 곁에 있을 것이다.

도심 한가운데 떠 있는 공중 포스터가 오늘의 날씨나 이벤트 정보를 알려주거나, 손짓만으로 추가 정보를 탐색하는 모습을 상상해 보라. 이런 변화는 우리가 정보를 받아들이는 방식을 완전히 새롭게 바꾸며, 일상 속에서 더 깊이 연결되는 특별한 경험을 제공할 것이다.

포스터는 단순히 현재의 정보를 전달하는 역할을 넘어, 우리의 추억을 불러일으키고 미래의 가능성을 보여주는 창이 될 것이다. 예를 들어, 10년 전 자주 가던 카페 벽에 디지털 포스터가 당시의 특별 이벤트나 메뉴를 떠올리게 한다면, 그곳에서의 소중한 기억을 다시금 되살릴 수 있을 것이다. 여행 중 방문했던 장소에서 그곳의 미래 모습을 미리 경험해 볼 수 있다면, 그 여행은 더욱 특별한 추억으로 남을 것이다.

AI와 감정 분석 기술이 결합된 미래의 포스터는 사람들과의 소통 방식도 크게 변화시킬 것이다. 지나가는 사람의 표정을 읽고 "오늘 좀 피곤해 보이시네요. 근처에 편히 쉴 수 있는 카페를 추천해 드릴까요?"라며 다정하게 말을 건네거나, 영화관 앞 포스터가 "이 영화는 당신이 좋아할 만한 스릴과 로맨스를 담고 있어요."라며 개인 맞춤형 정보를 제공한다면, 포스터는 단순한 광고판이 아니라 우리의 일상을 이해하고 보살펴 주는 친구 같은 존재로 느껴질 것이다.

　뿐만 아니라, 미래의 포스터는 그 형태와 기능에서도 큰 변화를 맞이할 것이다. 현재의 정적인 이미지 중심의 포스터는 사용자 행동과 제스처에 반응하며 실시간으로 변화하는 '창작형 포스터'로 진화할 것이다. 빈 벽에 설치된 스마트 포스터가 손짓하나에 따라 새로운 이미지를 보여주거나, 지나가는 사람들이 제안한 아이디어를 즉시 시각화하는 모습을 상상해 보라. 이는 단순히 콘텐츠를 전달하는 도구를 넘어, 창의적이고 참여적인 순간을 만들어내는 살아 있는 공간이 될 것이다.

　지속 가능성 또한 미래 포스터의 중요한 특징 중 하나로 자리 잡을 것이다. 나뭇잎 위에 투명 잉크로 메시지를 새기거나, 공기 중 수증기를 활용해 이미지를 투사하는 기술이 실현된다면, 환경과 공존하는 완전히 새로운 매체가 등장할 것이다. 시간이 지나면 자연스럽게 사라지는 생분해성 포스터나 실시간으로 환경 데이터를 반영해 메시지를 조정하는 포스터는 단순한 정보를 넘어 예술과 지속 가능성을 결합한 상징이 될 것이다.
　미래의 포스터는 이처럼 우리의 삶과 더욱 긴밀히 연결되며 다채로운 분야와 융합될 준비를 하고 있다. 예를 들어, 의료 기술과 결합된 포스터는 병원 대기실에서 환자의 심박수와 스트레스 지수를 감지해 적절한 건강 정보를 즉각적으로 제공할 수 있다. 가정에서도 스마트 포스터가 가족 구성원의 건강 상태를 분석해 아침마다 필요한 비타민이나 운동 루틴을 추천한다면, 개인화된 건강 관리가 새로운 차원으로 발전할 것이다.

심리학과 AI 기술이 결합된다면 포스터는 사람들의 감정을 읽고 공감하는 존재로 진화할 수 있다. 예를 들어, 길거리에 설치된 포스터가 지나가는 사람의 표정을 분석해 행복한 사람에게는 활기찬 메시지를, 지친 사람에게는 위로의 메시지를 전한다면, 포스터는 단순한 광고판 이상의 의미를 지니게 될 것이다. 이런 기술은 사람들의 일상 속 작은 순간들을 더욱 특별하게 만들어 줄 것이다.

교육 현장에서도 포스터의 역할은 한층 더 확장될 것이다. 미래의 교실에서는 종이 포스터 대신 지능형 학습 포스터가 사용될 것이다. 예를 들어, 화학 수업 시간에 원소 주기율표를 터치하면 즉시 관련 화학 반응이 시뮬레이션되거나, 학생의 질문에 따라 새로운 데이터를 시각적으로 제공하는 방식은 학습의 흥미와 몰입감을 높일 것이다. 이런 기술은 단순히 정보를 전달하는 것을 넘어 학생들에게 창의력과 새로운 아이디어를 탐구할 기회를 제공할 것이다.

결론적으로, 미래의 포스터는 단순한 광고판에서 벗어나 기술, 예술, 그리고 인간의 상상력이 결합된 살아 숨 쉬는 매체로 진화할 것이다. 우리의 감정을 나누고 기억을 저장하며 환경과 조화를 이루는 이 새로운 매체는 일상의 동반자로서 우리 삶을 더욱 풍요롭게 만들어 줄 것이다. 포스터는 더 이상 정보를 전달하는 도구가 아니라 사람, 공간, 환경을 연결하며 새로운 경험과 가치를 창출하는 존재로 자리 잡을 것이다.

기술과 예술이 융합된 이 특별한 매체는 우리의 일상에 더욱 깊숙이 스며들어, 사람과 공간, 그리고 환경이 조화를 이루는 새로운 시대를 열어 갈 것이다.

위백우(커뮤니케이션디자인학과 4학년)

편 저 ∣ 송지성
정다희
만든이 ∣ 정다희
만든곳 ∣ 글마당

책임 편집디자인 ∣ 하경숙
(등록 제2008-000048호)

만든날 ∣ 2025년 2월 10일
펴낸날 ∣ 2025년 2월 26일

주소∣ 서울시 송파구 송파대로 28길 32
전화 ∣ 02. 451. 1227
팩스 ∣02. 6280. 0077
홈페이지 ∣ www.gulmadang.com
이메일 ∣ vincent@gulmadang.com

ISBN 979-11-90244-41-1(03320)   값 15,000원